Johannes Bours

Nehmt Gottes Melodie in euch auf

Johannes Bours

Nehmt Gottes Melodie in euch auf

Worte für das tägliche Leben

Herder Freiburg · Basel · Wien

Der Pfarrgemeinde St. Martinus
in Kranenburg-Mehr
in Verbundenheit gewidmet

Vorwort

Manchmal geht einem morgens nach dem Aufwachen eine Melodie durch den Sinn, die sich durch den Tag hindurch fast nicht mehr verliert. Ob es mit dem einen oder anderen Wort aus diesem Buch auch so gehen könnte?

Wir lesen am Abend oder am Morgen einen Abschnitt, wir sinnen einige Minuten darüber nach: Bin ich darin? Wo berührt es mich? Wo meint es mich? Und vielleicht mündet unsere persönliche Meditation, die von diesem Wort angeregt wurde, in ein kurzes Gebet, das nur aus einem einzigen Satz zu bestehen braucht. Es ist unsere Antwort auf den Impuls des Wortes, das wir betrachtet haben. So könnte ein Leitgedanke durch den Tag hindurch mit uns gehen.

Wenn wir entdecken, daß ein Wort unserem eigenen Leben besonders nahe ist, könnte es uns vielleicht auch durch mehr als einen Tag begleiten; so geben wir ihm Raum, fruchtbar zu werden.

Das Buch ist entstanden aus Kurzansprachen im Rundfunk. So wird ihm hier und da der Charakter des gesprochenen Wortes noch anzuspüren sein (z. B. in der mehrmaligen Wiederholung des Leitwortes für den Hörer). –

„Nehmt Gottes Melodie in euch auf", so schrieb der

Bischof Ignatius von Antiochien um das Jahr 107 an eine christliche Gemeinde (vgl. S. 40f.). Hat Gott ein Lied für uns, ein Lebenslied? Ein eigenes Lied für jeden von uns? Wenn es so ist, ob er sich dann nicht wie ein Liebender danach sehnt, daß wir es im Laufe unseres Lebens immer reiner zu singen erlernen – mit ihm zusammen?

Kann ich die Melodie Gottes schon singen? Bin ich eingeübt?

Mechthild von Magdeburg, eine Mystikerin des Mittelalters, sagt:

> Nun habe ich Dir gesungen,
> Noch ist es mir nicht gelungen –
> Wolltest Du mir singen,
> Dann müßte es mir gelingen.

Sie richtet dieses Gebet an Christus. Wenn er meine Lebensmelodie mit seinem cantus firmus begleitet, dann „müßte es mir gelingen".

Wenn dieses Buch auch nur einem Leser dazu verhelfen würde, die Melodie Gottes ein wenig deutlicher zu hören und mitzusingen, dann wäre der Verfasser zufrieden.

Inhalt

I

Worte,
die mich bewegten

An jenem Tage
werdet ihr mich nichts mehr fragen
Johannes 16, 23

Seit langem habe ich auf meinem Schreibtisch ein kleines Heft liegen, das eine Art Tagebuch ist. Ich habe ihm
den Titel gegeben: „Worte, die mich bewegten". In diesem Heft habe ich Worte aufgeschrieben, die ich gelesen
oder gehört habe und die mich besonders berührt haben.
Es sind Worte aus der Heiligen Schrift, aber auch aus der
Literatur, der Dichtung.

Bei dem Dichter Jean Paul, der 1769 geboren wurde,
las ich folgendes Wort: „Was wollt' ich denn haben,
wenn ich in meiner Kindheit auf dem Stein meines Tor-
wegs saß und sehnend dem Zug der langen Straße nachsah und dachte, wie sie fortliefe, über Berge schösse,
immer immerfort …? und endlich? … Ach, alle Straßen
führen zu nichts, und wo sie abreißen, steht wieder einer, der sich rückwärts herübersehnt" (Die unsichtbare
Loge, 25. Sektor).

Ja, das kann es wohl geben, schon in der Kindheit, daß
dieses noch unnennbare, aber doch tiefe Sichsehnen da
ist, ins Unbekannte hinein.

Später dann, wenn wir der Kindheit entwachsen sind,
mag dieses Sichsehnen sich verwandeln in das Fragen
hinein, in das nie aufhörende Fragen hinein: Wohin?
Wohin gehe ich? Wohin geht alles? Dieses Fragen, das
immer weiter geht; jede Frage in der Nähe einer Antwort

wieder eine neue Frage hervorbringend, immer, immerfort ... Ja, wie sehr gehört das zu uns! Hat man den Menschen nicht genannt: die ewige Frage?

Man kann es verdrängen, mit rastloser Tätigkeit etwa
oder mit immer neuer Ablenkung. Aber dann, manchmal in den Nächten, wenn wir nicht schlafen können,
ist es wieder da ...: „Was wollt' ich denn haben, wenn
ich sehnend dem Zug der langen Straße nachsah und
dachte, wie sie fortliefe ... immer immerfort? und endlich? ..."

Und da ist dieses Wort, das ich in meinem Heft unter
das Wort von Jean Paul geschrieben habe: „An jenem
Tage werdet ihr mich nichts mehr fragen" (Joh 16,23).
Jesus sagt dieses Wort in seinen Abschiedsreden vor seinem Leiden. Unmittelbar vorher sagt er: „Jetzt seid ihr
bekümmert, aber ich werde euch wiedersehen; dann
wird euer Herz sich freuen, und niemand nimmt euch
eure Freude" (Joh 16,22).

„An jenem Tage werdet ihr mich nichts mehr fragen."
Einmal kommt ein Tag, an dem alles Fragen an sein Ziel
gekommen ist. Und dieses Ziel ist nicht eine Auskunft
auf unsere Frage, sondern dieses Ziel ist ein Antlitz, das
geliebte Antlitz, das Antlitz der gekreuzigten Liebe. Wo
die bleibende Liebe ist, da ist keine Frage mehr. „An jenem Tage werdet ihr mich nichts mehr fragen."

Warum gabst du uns die tiefen Blicke?

Goethe

In meinem kleinen Tagebuch, dem ich die Überschrift gegeben habe „Worte, die mich bewegten", finde ich den Anfang eines Gedichtes von Goethe, eine einzige Zeile nur, sie heißt: „Warum gabst du uns die tiefen Blicke?" Ich weiß heute nicht mehr die Lebensstunde, in der ich dieses Wort vor vielen Jahren aufgeschrieben habe. Als ich nun das Gedicht wieder zur Hand nahm, sah ich, daß Goethe diese Frage an das Schicksal richtet. Aber er redet das Schicksal mit du an: „Warum gabst du uns die tiefen Blicke?"

Warum hast du uns diese Menschenaugen gegeben, die durch den Vordergrund der Dinge dringen und immer, immer weitersuchen? Warum gabst du uns die tiefen Blicke, die den verhüllten Hintergrund aller Dinge ahnen und suchen? Die verborgenen Tränen an den Dingen der Schöpfung, aber auch ihren Glanz? Die die „Sehnsucht der ewigen Hügel" – so heißt eine uralte Gebetsanrufung – wahrnehmen und mitleiden?

Warum hast du uns nicht wie das Tier gelassen, das ahnungslos in seinem Augenblick lebt?

Als der Dramatiker Strindberg gefragt wurde, welche Fähigkeit er besitzen möchte, anwortete er: „Den Schlüssel zum Geheimnis der Welt, um den Sinn des Lebens zu finden."

Ich sehe, daß Goethe das Gedicht an eine Frau gerichtet hat, an Charlotte von Stein. Und ich sehe, daß die beiden ersten Zeilen des Gedichtes so lauten:

„Warum gabst du uns die tiefen Blicke
Unsre Zukunft ahnungsvoll zu schaun ..."

Und so geht also diese Frage auf den anderen Menschen hin, auf den geliebten, auf das Geheimnis des geliebten Menschen, auf seine Zukunft, die immer, immer weitergeht, in unabsehbarer Sehnsucht, in unabsehbare Tiefen hinein ...

„Sag, was will das Schicksal uns bereiten?", so heißt eine spätere Zeile in dem Gedicht.

Wieder kommt mir in den Sinn das Wort, das Jesus vor seiner Passion zu den Seinen sagt: „Jetzt seid ihr bekümmert, aber ich werde euch wiedersehen; dann wird euer Herz sich freuen, und niemand nimmt euch eure Freude. An jenem Tage werdet ihr mich nichts mehr fragen" (Joh 16,22–23).

„Warum gabst du uns die tiefen Blicke": unser Blick geht suchend in jene Tiefe, wo die letzte und bleibende Antwort der Liebe ist. Unser Blick wird erst zur Ruhe kommen, wenn er *dem* Antlitz begegnet, welches das Antlitz der Liebe ist.

Mit bewegtem Herzen – man spürt es seinen Worten an – hat der Apostel Paulus es gesagt in seinem Hohen Lied der Liebe: „Jetzt sehen wir nur Rätsel, dann aber schauen wir von Angesicht zu Angesicht." „Dann aber" – Was für ein seliges „Dann aber"! „Dann aber von Angesicht zu Angesicht."

Jesus, ein „Weggeworfener"

In meinem kleinen Tagebuch „Worte, die mich bewegten" steht eines, das mich sehr betroffen gemacht hat, als mir zum erstenmal aufging, was es bedeutet. Es ist das Wort: Jesus, ein „Weggeworfener". Es steht im Neuen Testament. Jesus wird da einem Stein verglichen, den die Bauleute als unbrauchbar weggeworfen haben. Ich habe im Wörterbuch nachgeschlagen, was das griechische Wort, das da im Neuen Testament steht, alles bedeuten kann. Da steht: als unbrauchbar wegwerfen, abschaffen, ausstreichen, ausstoßen.

Ich denke daran, was ich von Jesus weiß. Er ist der liebenswürdigste Mensch, den man sich denken kann. Alles, was wir von ihm wissen, sagt uns: Er war ein Mensch von lauterster Gesinnung, von reiner Herzensgüte, völlig für die Menschen sich hingebend. Und von ihm sagt das Neue Testament: ein Weggeworfener! Wie ein Maurer einen Stein in der Hand hält, ihn anschaut, ihn wegwirft: unbrauchbar! Die Leidensgeschichte Jesu sagt uns, wie dieses Wegwerfen ausgesehen hat. Ein weggeworfener Mensch! *Der* Mensch! Ecce homo!

Und ich denke daran, daß in diesen Menschen Jesus von Nazaret Gott ganz hineingegangen ist, daß Gott in diesem Jesus selbst wie ein Weggeworfener wird, sich wegwerfen läßt von den Menschen!

Man hat vor einigen Jahren entdeckt, daß der Fels Golgota, auf dem Jesus gekreuzigt wurde, mitten in einer Müllhalde gelegen hat, vor der Stadtmauer von Jerusalem. Jesus, Gottessohn, ein Weggeworfener! Das alles ist unausdenkbar.

Setzt sich das fort durch die Menschengeschichte? Setzt sich das fort, wenn Menschen von Menschen weggeworfen werden? Setzt sich das fort in der Verworfenheit von Menschen?

Die Schrift sagt: Gott hat es geschehen lassen, damit alles Weggeworfensein von Menschen, alle Verworfenheit erlöst werden kann. Er nimmt es selbst auf sich, um es auszulösen. An diesem Jesus, dem von den Menschen Weggeworfenen, ahne ich, daß die Erlösung nicht wie von außen her geschehen ist, sondern daß Gott selbst in diesem Jesus sich hat wegwerfen lassen in die äußerste Verworfenheit. Was ist das für ein Gottessohn, der wie ein Weggeworfener neben zwei Verbrechern am Kreuz aufgehängt wird, mitten in einer Schutthalde?

Die meisten Menschen möchten wohl lieber an einen Gott glauben, der mit seiner Macht dazwischenfährt.

Herr, ich danke deiner armen Liebe. Ich danke dir, daß die verborgene Mitte der Welt die Ohnmacht deiner gekreuzigten Liebe ist, das durchbohrte Herz, der Ort unseres Lebens!

Im ersten Petrusbrief, in dem dieses Wort vom Weggeworfenen steht, heißt es: „Kommt zu ihm, dem lebendigen Stein, der von den Menschen weggeworfen, aber von Gott auserwählt und geehrt wurde ... Wer an ihn glaubt, der geht nicht zugrunde."

4

Da sah und erkannt ich den Schatten dessen,
der feig die große Weigerung begangen

Dante

In der großen Dichtung des Mittelalters, der „Göttlichen
Komödie" von Dante, hat mich ein Wort angerührt.
Dante ist auf seiner großen seherischen Wanderung
durch die Kreise der höllischen Unterwelt, die ihm in
der bilderreichen Phantasie seiner Zeit erscheint. Und da
heißt es im dritten Gesang: „Da sah und erkannt ich den
Schatten dessen, der feig die große Weigerung begangen." Da ist also in diesem Schattenreich ein Schatten
dessen, der in seinem Leben feig die große Weigerung begangen. Kein Name wird genannt. Viel hat man herum-
gerätselt, wen Dante wohl aus seiner Zeit des 13. Jahrhunderts gemeint haben könnte. Während er sonst die
Namen der Verlorenen hinzufügt, bleibt es hier offen.
Ob er überhaupt einen bestimmten Menschen gemeint
hat? Ob sein Wort nicht jeden von uns wie ein Anruf er-
reichen will, den „Jedermann"?

Wir hören in der Geschichte Jesu von Menschen, die
feig die große Weigerung begangen. Pilatus, dem Jesus als
Angeklagter gegenübersteht – und Pilatus erkennt immer deutlicher: Das ist ein Mensch der Wahrheit! „Ich
finde keine Schuld an ihm", so sagt er. Aber feige begeht
er die große Weigerung, die Verweigerung der Wahrheit:
„Da überließ er ihnen Jesus zur Kreuzigung", so sagt der
Evangelist. Da ist Petrus, der feig die große Weigerung

begangen. „Warst nicht auch du bei Jesus von Nazaret?",
fragt ihn die Magd im Vorhof des Hohenpriesters. „Ich
kenne den Menschen nicht", antwortet Petrus. Im Evangelium finden wir nicht wenige, die sich der Wahrheit
und der Liebe verweigert haben. Angefangen von jenem
älteren Bruder im Gleichnis vom verlorenen Sohn, von
dem es heißt: „Er wollte nicht hineingehen." Er wollte
nicht hineingehen, als der barmherzige Vater ihn einlädt, mit dem Heimgekehrten sich zu freuen. Bis hin zu
Judas, den Jesus ein letztes Mal im Garten Getsemani
einlädt, sich der Liebe nicht zu verweigern: „Freund,
wozu bist du gekommen?"

Wir schauen in unser eigenes Leben. Gab es einmal
eine Lebensstunde, von der ich heute, zurückschauend,
bekennen muß: Da habe ich mich der Wahrheit, da habe
ich mich der Liebe verweigert? Nicht in irgendeiner All-
tagskleinigkeit, sondern in einem Augenblick, in dem
gleichsam das Ganze der Wahrheit, der Liebe vor mir
stand?

Als Petrus in der Verleugnung Jesu die große Weigerung begangen hatte, da schaute ihn Jesus voll Traurigkeit und voll Erbarmen an – und Petrus erkannte!
Erkannte seine feige Schuld: „Er ging hinaus und weinte
bitterlich." Und bald kommt die Stunde, in der Petrus als
ein von der Liebe Verwandelter die große Weigerung zu-
rücknimmt: „Herr, du weißt alles, du weißt auch, daß
ich dich liebe."

Sunt lacrimae rerum –
Die Dinge haben ihre Tränen

Vergil

Es sind mehr als fünfzig Jahre her, daß wir als Primaner
in unserem guten, alten Kleinstadtgymnasium den großen lateinischen Dichter Vergil lasen. Neun Jahre Latein
hatten uns so weit gebracht, daß wir schon fast mit ein
bißchen Genuß die alten lateinischen Dichter lesen
konnten. Und da steht nun in meinem kleinen Tagebuch mit den „Worten, die mich bewegten", auch ein
ganz kurzer lateinischer Satz, der mir von damals im Gedächtnis geblieben ist, das Wort Vergils: „Sunt lacrimae
rerum." Man kann es übersetzen: „Tränen hängen an allen Dingen." Oder: „Die Dinge haben ihre Tränen."

Ich weiß nicht, wie es gekommen ist, daß mich, den
damals 17- oder 18jährigen, dieses Wort so bewegt hat,
daß ich es nicht mehr vergessen habe. Ich bin dem, was
das Wort meint, später im Leben oft begegnet, mehr als
der 17jährige es je ahnen konnte: „Die Dinge haben ihre
Tränen."

Der Dichter Vergil, der dieses Wort geschrieben hat,
ist neunzehn Jahre vor Christus gestorben. Er hat also
von Christus nichts wissen können. Ist nun also dies
Wort von den Tränen, die an den Dingen hängen, ein
heidnisches Wort? Können wir Christen es nicht aufnehmen?

Wie kommt es, daß in alten Kirchenliedern diese Erde

ein Tal der Tränen genannt wird? Wie kommt es, daß es ein geistliches Wort gibt von der „Gabe der Tränen"? Gilt das Wort, daß, wo Tränen sind, auch Tröstung möglich ist?

Ich denke daran, wie Jesus vor seinem Leiden vor dem Grabe seines Freundes Lazarus steht und wie das Evangelium sagt: „Da weinte Jesus" (Joh 11, 35). Aber durch den Schleier der Tränen sieht er die Auferstehung: „Lazarus, komm heraus!", ruft er in die Todeskammer hinein.

Ich denke an das Wort des Hebräerbriefes, das von Jesus sagt: „Als er auf Erden lebte, hat er mit lautem Schreien und unter Tränen Gebete und Bitten vor den gebracht, der ihn aus dem Tode retten konnte, und er ist erhört und aus seiner Angst befreit worden" (Hebr 5, 7).

„Die Dinge haben ihre Tränen", die Welt hat ihre Tränen, sagt der heidnische Dichter. Aber die Offenbarung sagt uns: Durch den Schleier der Tränen schimmert das Licht. Schon liegt auch ein verborgener österlicher Glanz auf allen Dingen.

„Immerfort durch Tränen sehe
Ich der Sonne liebes Licht",
sagt ein Vers von Mörike.

„Die Dinge haben ihre Tränen" – „Sunt lacrimae rerum", sagt der Dichter. Die Offenbarung sagt: „Gott wird abwischen alle Tränen von ihren Augen. Der Tod wird nicht mehr sein, keine Trauer, keine Klage, keine Mühsal. Denn was früher war, ist vergangen. Er, der auf dem Thron saß, sprach: Seht, ich mache alles neu" (Offb 21, 4–5).

Was geschiehet, es sei alles gesegnet dir,
sei zur Freude gewandt!

Hölderlin

Mein kleines Tagebuch hat manche Zeile des Dichters
Hölderlin aufgenommen. So auch diese: „Was geschie-
het, es sei alles gesegnet dir, sei zur Freude gewandt!"
Hölderlin hat dieses Wort um das Jahr 1800 geschrieben;
wenige Jahre später fiel er in Umnachtung, die fast vier
Jahrzehnte bis zu seinem Tode währte.

„Was geschiehet, es sei alles gesegnet dir." Was auch
immer geschieht: alles soll wie ein Segen für dich sein!
Was für ein Wort der alles umfassenden Bejahung!
Welch eine Gläubigkeit steht hinter solchem Wort! Ja,
wenn es nur ein schönes Dichterwort wäre, eine wunder-
schöne Phrase gleichsam, nicht vom Leben gedeckt –
dann brauchte es uns nicht zu bewegen. Aber wenn man
weiß, daß dieses Wort von einem Dichter gesagt wurde,
der ein Leidender war, der mit seinem so früh verschatte-
ten Leben ein Diener der Wahrheit sein wollte, dann vermag dieses Wort uns wohl zu berühren: „Was geschiehet, es sei alles gesegnet dir, sei zur Freude gewandt!"

Hätten wir den Mut, dieses Wort mitzusprechen?
Könnten wir es von unserem Leben her bejahen?

Was den Dichter Hölderlin bewogen hat, dieses Wort
sprechen zu können, war der Glaube, daß die ganze
Schöpfung durchatmet und beseelt ist vom Geist Gottes:
„Sind denn dir nicht verwandt alle Lebendigen?", so be-

ginnt das Gedicht. Und dann fährt er fort: „Drum! so wandle nur wehrlos / Fort durchs Leben und zage nicht!"

Ich suche nach Worten des Neuen Testaments, die mir helfen, dieses Wort als Christ annehmen zu können. Und ich lese beim Apostel Paulus: „Denen, die Gott lieben, gereicht alles zum Guten" (Röm 8,28). Und: „Weder Tod noch Leben ... kann uns scheiden von der Liebe Gottes" (Röm 8,38). Und: „Alles ist euer, ihr aber gehört Christus" (1 Kor 3,22 f).

Hölderlin sagt: „Was geschiehet, es sei alles gesegnet dir, sei zur Freude gewandt!" Steht dem nicht entgegen die bittere Lebenserfahrung, das Leid der Welt, die Abgründe von Bosheit in der Welt? Steht ihm nicht entgegen die Schrecklichkeit der Passion und die Furchtbarkeit des Kreuzes?

Und dennoch! Es gibt ein Ja-Wort, das unendlich kostbarer ist als jedes Dichterwort. Ich finde es im 1. Kapitel des 2. Korintherbriefes: „Christus ist das Ja zu allem, was Gott verheißen hat!" Dieses Ja Gottes zur Welt ist Ostern! Ist das Leben der Auferstehung! Und dieses Ja Gottes, das trotz allem nie mehr zurückgenommen wird, dieses Ja Gottes, das der gekreuzigte und auferstandene Christus ist, sagt mir, daß es zuletzt auf die Freude zugeht. Und so versuche ich, im Glauben des Christen das Wort mitzusprechen: „Was geschiehet, es sei alles gesegnet dir, sei zur Freude gewandt!"

II

Worte aus der Heiligen Schrift

Ich, Jahwe, will dein Arzt sein

Exodus 15, 26

Das zweite Buch Moses, das Buch Exodus, ist ein Buch des Weges, des Weges aus der Knechtschaft in die Freiheit. Es ist das Buch des Alten Testamentes, das in besonderer Weise den Weg zum Osterfest vorausbildet.

Im 15. Kapitel steht das Wort: „Ich, Jahwe, will dein Arzt sein!" Jahwe ist der Gottesname, mit dem Gott sich selbst geoffenbart hat. Jahwe heißt: Ich bin da bei euch!

„Ich, Jahwe, will dein Arzt sein!" Ein Arzt ist zum Heilen da. Und nun sagt Gott: Ich will dein Arzt sein.

Es ist gut, dieses Wort in sich aufzunehmen. Gütiges Gotteswort: Er will der Heilende sein!

Ich will dieses Wort hören auf mein Leben hin, das nicht heil ist.

Ich will das Wort hören auf unsere Welt hin, die nicht heil ist.

Ich will das Wort hören auf die Kirche hin, das Volk des Neuen Bundes, das nicht heil ist.

„Ich, Jahwe, will dein Arzt sein", Jesus hat dieses Wort gekannt. Vielleicht hat er daran gedacht, als er sagte: „Nicht die Gesunden brauchen den Arzt, sondern die Kranken" (Mt 9, 12).

Es gibt ein kleines Bild von Rembrandt, das sog. Hundertguldenblatt: Da steht in der Mitte groß und gütig

Jesus als Arzt. Aller Jammer der Welt wird in den Kranken zu ihm gebracht. –

Vor einiger Zeit hat ein Rundfunkreporter in einer Fußgängerzone an die Menschen die Frage gerichtet: Wenn Sie drei Wünsche frei hätten, die in Erfüllung gehen könnten – welche würden Sie nennen? Am meisten wurde genannt: die Gesundheit!

Das Wort, das Gott zu uns spricht: „Ich will dein Arzt sein!" – es geht auf mehr hin als auf eine Heilung, wie man sie mit Medikamenten oder mit einer Operation gewinnen kann.

Es gibt in der Tiefe unseres Lebens etwas, das läßt auch die Gesunden unter uns sprechen: Ich bin nicht heil ... Und wir alle erfahren es immer wieder: Die Welt ist nicht heil.

In Jesus, dem Gekreuzigten und Auferstandenen, dem Heiland, ist es verbürgt: „Ich will dein Arzt sein!" Er wird mein Arzt sein – und ich werde leben!

Siehe! Ich werde
im Wolkendunkel zu dir kommen

Exodus 19, 9

Gott ist da, Gott ist ganz nahe – er kann gefunden werden! Aber er muß sich verbergen, verhüllen, denn unsere Welt hat keine Dimensionen, keine Maße, so daß wir ihn be-greifen könnten. Und doch will er von uns entdeckt werden – als der Verborgene!

„Siehe! Ich werde im Wolkendunkel zu dir kommen." Das ist ein Gotteswort aus dem zweiten Buch Mose. Er kommt, aber im Wolkendunkel. Er ist nahe, aber in Verborgenheit. Er offenbart sich – in Verhüllung.

In einem Kirchenlied heißt es: „Überall ist er und nirgends, Höhen, Tiefen, sie sind sein." Er ist da, aber wir können seiner nicht habhaft werden: „Siehe! Ich werde im Wolkendunkel zu dir kommen." „Siehe" steht da: Es ist etwas zu sehen, wahrzunehmen, zu erfahren, aber in Verhüllung, „im Wolkendunkel".

Manchmal, wenn wir zurückschauen: Da war eine Lebensstunde, ganz dunkel, wir wußten nicht mehr weiter, alles war wie zugezogen, kein Weg mehr, kein Sinn mehr – und doch, wenn wir uns jetzt erinnern: war da nicht in der Dunkelheit die Erfahrung: es geht nicht ins Bodenlose, ein Halt ist da, vertrauen kannst du – trotz allem! „Siehe! Ich werde im Wolkendunkel zu dir kommen."

Einmal hat sich für einen Menschen das Wolkendun-

kel, in dem Gott kommt, zu äußerster Finsternis ver-
dichtet: Als Jesus starb, „fiel eine Finsternis über das
ganze Land hin" (Mk 15,33): Da war Gott ganz nahe!

„Siehe! Ich werde im Wolkendunkel zu dir kommen."

Herr, bleibe bei uns im Dunkel der Welt.

Herr, bleibe bei mir im Dunkel meines Lebens.

Ich kenne dich mit Namen

Exodus 33, 17

Einer unserer Diakone aus dem Priesterseminar machte für ein Jahr in einer Pfarrei ein Seelsorgspraktikum. Es wurde ihm auch erlaubt, eine Schulklasse von zehnjährigen Kindern im Religionsunterricht zu unterrichten. Bald kannte er alle Kinder dieser Klasse mit ihrem Vornamen. Nach Beendigung des Praktikums kehrte er wieder ins Priesterseminar zurück. Als er nun ein halbes Jahr später zufällig noch einmal einen Besuch in der Schule jener Pfarrei machte, umringten ihn auf dem Schulhof die Kinder seiner früheren Klasse, und ein Kind fragte den Diakon: Kennen Sie mich noch? Er nannte den Namen des Kindes. Nun wollte jedes Kind wissen: Kennen Sie mich noch? Er wußte noch alle Namen – bis auf ein Kind, dessen Namen ihm nicht einfiel. Da sah er mit Erschrecken, wie traurig dieses Kind wurde.

Gott sagt zu Mose im Buch Exodus: „Ich kenne dich mit Namen." In einem jüdischen Gebet heißt es: „Des Vergessenen vergißt Er nicht!" Nein – Gott sagt: „Ich kenne dich mit Namen."

Name, das ist das Wesen des Menschen, das Unvertauschbare, das Einzigartige. Das ist der Mensch, wo er ganz er selbst ist.

Ich will dieses Wort von Gott her hören auf mein eigenes Leben hin. Er spricht es mir zu: „Ich kenne dich mit

Namen." Nicht Menschheit, sondern: Ich! Du! Nicht ein Gott über den Sternen, sondern: „Ich kenne dich mit Namen." Gott hat es mit mir zu tun. Ich habe es mit Gott zu tun. Ich bin gemeint.

Er kennt mich, er wendet sich mir zu. Jesus nennt diesen Gott: Vater!

Manchmal, wenn wir Bilder von großen Massenversammlungen sehen, kann in uns ein Gefühl von Beklemmung aufkommen angesichts dieser riesigen Anonymität, Namenlosigkeit. Aber von jedem einzelnen gilt von Gott her: „Ich kenne dich mit Namen!"

Dieses Wort kann uns sagen: Du bist nicht allein, du brauchst keine Angst zu haben: „Ich kenne dich mit Namen!"

Im „Gotteslob", dem Gesangbuch unserer Gemeinden, steht diese Liedstrophe von Paul Gerhardt:

> Da ich noch nicht geboren war,
> da bist du mir geboren
> und hast mich dir zu eigen gar,
> eh ich dich kannt, erkoren.
> Eh ich durch deine Hand gemacht,
> da hast du schon bei dir bedacht,
> wie du mein wolltest werden.

Ich will alle meine Schönheit vor dir vorüberziehen lassen

Exodus 33, 19

Einmal besuchte ich einen siebzigjährigen Kranken. Er wußte, daß er nur noch kurze Zeit zu leben hatte. Er hatte viel gelitten; er war ein leidenschaftlich Suchender und Glaubender zugleich. Er sagte: „Bald wird es sein! Wie wird das sein, wenn ich Ihn sehe! Es werden ja nicht diese meine Augen sein, ich denke mir, daß ich Ihn mit meinem ganzen Sein wahrnehme – wie wird das sein? Ich warte mit aller Kraft der Erwartung auf diesen Augenblick, auf den ich das ganze Leben zugelebt habe."

Sehnsucht des Glaubenden: Ihn sehen! Einmal sagt Mose zum Herrn: „Laß mich doch deine Herrlichkeit schauen!" Und der Herr antwortete: „Ich will alle meine Schönheit vor dir vorüberziehen lassen."

Dieses Wort ist einzigartig in der Bibel: „Ich will alle meine Schönheit vor dir vorüberziehen lassen." An keiner anderen Stelle der Bibel spricht Gott selbst so von seiner Schönheit.

Wir denken an die Schönheit der Schöpfung, und ungezählte Bilder gehen uns durch den Sinn: Der gestirnte Himmel, die Landschaft unter dem Licht der Sonne, die Berge, das Meer, die Blumen, Musik der Schöpfung, das „Lied in allen Dingen", das geliebte Antlitz: „Ich will alle meine Schönheit vor dir vorüberziehen lassen."

Aber da habe ich mit diesem Wort eine merkwürdige

Entdeckung in der Bibel gemacht. Ich fand, daß eine andere Ausgabe dieses Wort so übersetzt hatte: „Ich will alle meine Güte an dir vorüberziehen lassen." Und in der Tat: das hebräische Wort, das da steht, kann sowohl Schönheit wie Güte bedeuten!

Das berührt unser Herz. Gottes Schönheit ist mehr als die Schönheit, die uns in der Schöpfung aufscheint: Sie ist seine Güte! (Ist denn nicht auch die Schönheit eines Menschenantlitzes seine Güte, die aus ihm scheint?)

Gott sagt: „Ich will alle meine Schönheit vor dir vorüberziehen lassen." – „Ich will alle meine Güte vor dir vorüberziehen lassen."

„Vorüberziehen lassen?" Einmal wird sie bleiben! Wie es ein Psalm sagt: „Dann, wenn ich einst erwache, dann werde ich satt mich sehen an deiner Gestalt."

„Kein Auge hat es gesehen, kein Ohr hat es gehört, in keines Menschen Herz ist es gedrungen, was Gott denen bereitet hat, die ihn lieben" (1 Kor 2,9).

Vor mir sollst du nicht
mit leeren Händen erscheinen

Exodus 34, 20

Da ist mir ein seltsamer Widerspruch begegnet. Im Buch
Exodus sagt Gott zu Mose und zu dem Volk: „Vor mir
sollst du nicht mit leeren Händen erscheinen." Und ich
erinnerte mich einer Gedichtstrophe von Werner Ber-
gengruen:

> Liebt doch Gott die leeren Hände,
> und der Mangel wird Gewinn.
> Immerdar enthüllt das Ende
> sich als strahlender Beginn.

Gott sagt: „Vor mir sollst du nicht mit leeren Händen
erscheinen." Und im Gedicht heißt es: „Liebt doch
Gott die leeren Hände." Wie bringen wir das zusammen?

Als Jesus am Kreuz hing, waren seine Hände ganz leer.
Er hatte nichts mehr sein eigen zu nennen. Nackt hing er
am Kreuz. In seinen Händen war nur noch der Kopf des
Nagels zu sehen, mit dem er an das Holz geschlagen war.
Aber mit seinen leeren Händen gab er alles: „Vater, in
deine Hände gebe ich mein Leben."

Gott sagt: „Vor mir sollst du nicht mit leeren Händen
erscheinen."

Als der Zöllner im Tempel vor Gott erschien und
nichts aufzuweisen hatte als seine Schuld – „Herr, sei

mir Sünder gnädig" –, da waren seine Hände leer, aber: er hielt sich selbst Gott hin, so wie er war!

Gott sagt: „Vor mir sollst du nicht mit leeren Händen erscheinen." Was erwartet er denn auf unseren Händen? Es liegt ihm nichts an diesem oder jenem, es liegt ihm ganz allein an uns selbst! Daß wir uns ihm hinhalten, so wie wir sind.

Ein Mensch hält seine Hände zu Gott hin: „Herr, hier sind meine Hände!" – und er will nichts mehr festhalten vor Gott, er will auch nicht dieses oder jenes bringen (wie man einen Zoll oder eine Abgabe bringt), sondern: er hat seine Hände ganz offen gemacht, er hat sie ganz leer gemacht: „Herr, hier sind meine Hände!" Und er hält mit diesen Händen sich selbst Gott hin – die Hände sind leer und doch: mit seinen Händen hält er sich selbst Gott hin. Geben diese „leeren" Hände nicht alles? Geben sie nicht das einzige, woran Gott liegt?

Gott sagt: „Vor mir sollst du nicht mit leeren Händen erscheinen." Es gibt eine letzte Erfahrung des Glaubenden: Das, was meine Hände hinhalten, das, was ich gebe – es ist nur Verdanktes!

> Immerfort empfange ich mich aus deiner Hand.
> Das ist meine Wahrheit und meine Freude.
> Immerfort blickt mich dein Auge an,
> und ich lebe aus deinem Blick,
> du mein Schöpfer und mein Heil.
> Lehre mich, in der Stille deiner Gegenwart
> das Geheimnis zu verstehen, daß ich bin.
> Und daß ich bin durch dich und vor dir und für dich.
>
> *Romano Guardini*

Ich werde deine Grenzen weit machen

Exodus 34, 24

Da begegnete ich auf der Straße einem jungen Wissenschaftler, den ich von früher kannte. Ich sagte die übliche Frage: „Wie geht es Ihnen?" Und er antwortete: „Schlecht!" Und nun kam es aus ihm heraus. Er hatte eine Erfahrung gemacht, die jeder Mensch, wenn auch in sehr verschiedener Weise, einmal macht und machen muß: Er war an seine Grenzen gestoßen. Er hatte erkennen müssen, daß die Art seiner Begabung nicht ausreichte, die Aufgaben zu lösen, die seine Wissenschaft jetzt von ihm verlangte; er hatte sehr schmerzlich die Erfahrung seiner Grenze machen müssen.

Die Erfahrung der Grenze, der Begrenztheit! Gebundenheit, die ich nicht lösen kann; Zwänge, von denen ich mich nicht befreien kann; die Angst; die Last der Depression; die Schuld, die aus der Enge des Ich-sagens kam. Die Grenze, an die unser letztes Fragen stößt: Woher kommen wir, wohin gehen wir? Was soll das namenlose Leid in der Welt? Überall Grenzen, an die wir stoßen, an denen wir zurückgeworfen werden.

Und da ist dieses Wort, das Gott im Buch Exodus seinem Volk zusagt: „Ich werde deine Grenzen weit machen."

Weites Land will Gott seinem Volk geben!

Dieses Wort gewinnt vom Evangelium her einen unerhört neuen Sinn. Eine neue grenzenlose Dimension tut sich auf: die österliche Welt, die Welt des Auferstehens! „Ich werde deine Grenzen weit machen." Der enge Horizont aller irdischen Gefangenheiten und Befangenheiten wird aufgerissen zu unerhörter Aussicht: „Siehe, ich sehe den Himmel offen!" (Apg 7, 56), so rief Stephanus aus, der erste Blutzeuge für das Evangelium.

Gottes Barmherzigkeit überflutet alle Grenzen, die Zäune fallen – nichts mehr soll ausgeschlossen sein vom Fest der Erlösung, der Befreiung: „Ich werde deine Grenzen weit machen."

Ich will diese Verheißung Gottes hören auf mein Leben hin. Ich will aus dieser Zusage leben und den Vorschein ihrer Erfahrung zulassen. Indem ich selber mit aller Kraft der Zuversicht auf die Entgrenzung zuwandere, die dieses Wort gewährt, werde ich in wachsendem Glauben beten können: „Du hast meinen Fuß auf weiten Raum gestellt" (Ps 31, 9).

III

*Worte aus den Briefen
des hl. Ignatius von Antiochien*

Laßt uns die gegenwärtige Gnade lieben

In Wochen der Krankheit las ich die Briefe des hl. Ignatius von Antiochien. Er war der zweite oder dritte Bischof dieser Christengemeinde. Hier in Antiochien in Syrien wurden die Jünger Jesu zum ersten Mal Christen genannt. Um das Jahr 107 wurde der Bischof Ignatius bei einer Christenverfolgung in einer Soldatengruppe nach Rom gebracht, wo das Martyrium ihm bevorstand. Auf dem Weg durch Kleinasien war es ihm möglich, an den Rastplätzen Briefe an die jungen Christengemeinden zu schreiben, die in der Nähe lagen. Diese Briefe, ganz aus dem Augenblick geschrieben, sind ein sehr lebendiges Zeugnis der ganz frühen Kirche aus der Zeit der zweiten Generation der Christen, einer Zeit also, da, wie Hieronymus sagt, die Erde noch warm war vom Blut Christi.

In dem Brief an die Gemeinde von Ephesus schreibt Ignatius: „Laßt uns die gegenwärtige Gnade lieben!" Das schreibt ein Mann, der gefesselt in einer Soldatenkohorte auf dem Weg ins Martyrium ist. Offenbar sieht er in dem, was gegenwärtig mit ihm geschieht, ein Angebot der Gnade. Und wirklich schreibt er sofort nach diesem Satz: „Ich trage in Christus die Fesseln herum, die geistlichen Perlen, in denen mir die Auferstehung zuteil werden möge." Er hat die Glaubenskraft, die Fesselung zu sehen als Bindung an Christus, den Auferstandenen, dessen Schicksal er teilen wird.

„Laßt uns die gegenwärtige Gnade lieben." Er sagt nicht: Laßt uns das Angebot der Stunde ergreifen oder nutzen, sondern er sagt: „lieben"! Und in diesem „Lieben" klingt etwas Personales mit, denn lieben kann man zuletzt nur ein Du. Und für Ignatius ist dieses Du Christus. Und tatsächlich geht dieses Wort „Laßt uns die gegenwärtige Gnade lieben" bei Ignatius so weiter: „Um nur in Christus Jesus erfunden zu werden zum wahren Leben".

Ignatius will uns sagen: Nimm doch wahr, wie in deiner jetzigen Lebenssituation Christus dir nahe sein will. Nimm doch wahr, wie du in dieser Lebensstunde Verbundenheit, Verwandtschaft, Gesinntheit mit Christus finden kannst!

Es gibt ein kleines Gedicht des Dichters Andreas Gryphius, der in der Zeit des Dreißigjährigen Krieges gelebt hat. Es lautet:

Mein sind die Jahre nicht, die mir die Zeit genommen,
Mein sind die Jahre nicht, die etwa möchten kommen;
Der Augenblick ist mein, und nehm ich den in acht,
So ist der mein, der Jahr und Ewigkeit gemacht.

Auch hier ist der Anruf: Nimm die gegenwärtige Stunde wahr, in ihr ist das Angebot der Ewigkeit. Aber das Wort von Ignatius „Laßt uns die gegenwärtige Gnade lieben", es hat einen anderen Klang. Es hat von seinem ganzen Zusammenhang her eine einzige Beziehung: Jesus Christus! Jetzt, in dieser deiner Lebensstunde, will dir Christus nahe sein. Nimm es wahr in liebender Aufmerksamkeit, in liebender Wachsamkeit. In seiner Nähe liegt Leben, liegt Auferstehung.

2

Nehmt Gottes Melodie in euch auf

In dem Brief, den Ignatius an die Gemeinde von Ephesus schreibt, kommt ihm das Bild in den Sinn, diese Gemeinde mit einem großen Chor zu vergleichen. Er schreibt: „Nehmt Gottes Melodie in euch auf. So werdet ihr alle zusammen zu einem Chor, und in eurer Eintracht und zusammenklingender Liebe ertönt durch euch das Lied Jesu Christi. Das ist das Lied, das Gott, der Vater, hört – und so erkennt er euch als die, die zu Christus gehören."

„Nehmt Gottes Melodie in euch auf." Dieses Wort voller Poesie schreibt ein Mann, der gefesselt in einer Soldatenkohorte daherzieht, der weiß, daß er dem gewaltsamen Tod entgegengeht.

Ignatius hat die Vorstellung, daß Gott für jeden eine Stimme, eine Lebensmelodie hat. Und wenn jeder die ihm zugedachte Melodie Gottes wirklich hört und in sich aufnimmt, dann wird der Zusammenklang aller Stimmen eine Symphonie. Im Griechischen steht buchstäblich das Wort Symphonie – es heißt wörtlich: Zusammenklang.

„Nehmt Gottes Melodie in euch auf." Was ist Gottes Melodie, Gottes Lied für mich? Welche Stimme hat er mir zugedacht?

Gottes Lied kann ich nur hören, wenn ich still werde;

wenn ich mich selber zurücknehme, denn sein Lied ist leise. Offenbar ist es so, daß die Kleinen die Melodie Gottes besser hören können als die Großen. Das Kleinsein scheint eine Voraussetzung dafür zu sein, Gottes Melodie wahrnehmen zu können.

Und seltsam: Gottes Melodie für mich kann ich nicht endgültig auswendig lernen, denn sein Lied geht weiter, ist immer neu, immer neu überraschend. Denn es ist doch ein Liebeslied, das Liebeslied Gottes für mich; und die Liebe erfindet immer neue Melodien.

Und er wartet darauf, daß ich sein Lied weitersinge, mitsinge . . .

Ich muß bisweilen allein sein, ich muß bisweilen sogar im Leiden sein, um Gottes Melodie hören zu können. Einmal, in einer schweren Krankheit, habe ich seine Melodie besonders gut verstehen können. Aber er will, daß ich dann das Lied, sein und mein Lied, weitersinge mit anderen zusammen. Es soll ja ein Chor, eine Symphonie werden, wo jeder seine Stimme, sein Lebenslied einbringt. Wo jeder liebevoll sich anpaßt an den anderen neben ihm, damit es gut zusammenklingt.

Was ist Gottes Melodie für mich? Manchmal ist sie mir unheimlich fremd. Wie ein Mißklang. Schwer nachzusingen. Dann vergesse ich oft, daß diese mir zugedachte Lebensmelodie erst im Zusammenhang und Zusammenklang des Ganzen seine Harmonie ergibt. (So wie eine ganz dunkle Stelle in einem Bild Rembrandts dem ganzen Bild erst seine Tiefe gibt.)

Was ist Gottes Lied? Ignatius sagt, daß das Lebenslied jedes Christen verwandt ist mit dem Lebenslied Christi. „In eurer zusammenklingenden Liebe ertönt durch euch das Lied Christi."

Wenn er uns in unserem Tun nachahmen wird, dann ist es aus mit uns

In dem Brief des hl. Ignatius an die Gemeinde von Magnesia heißt es: „Seien wir nicht gefühllos gegen Christi Güte. Wenn er nämlich uns in unserem Tun nachahmen wird, dann ist es aus mit uns. Lernen wir deshalb, nachdem wir seine Jünger geworden sind, dem Christentum gemäß zu leben."

Das ist eine merkwürdige Vorstellung: „Wenn er – Christus – uns in unserem Tun nachahmen wird, dann ist es aus mit uns." Ignatius denkt vielleicht an das antike Schauspiel. Für einen Augenblick stellt er sich vor: Wenn jeder von uns vor Christus kommt, und er würde dann, wie ein guter Schauspieler, unser Leben, unser Tun nachahmen, er würde, uns entlarvend, uns vorspielen, was unser Leben in Wirklichkeit ist – „dann ist es aus mit uns", sagt er.

Er will wohl sagen: Vor Christus wird unser Lebensdrama zum Gericht! „Im letzten Akt bricht das Feuer aus: der Richter ist da! Das Irdische zerschellt an *der* Wahrheit" (Hans Urs von Balthasar).

Ich versenke mich einen Augenblick in diese Vorstellung: ich komme vor Christus, und er spielt mein Leben! Ich sehe mir selber zu, wie da in letzter Wahrheit mein Leben gespielt wird – was wird er spielen? Wie stehe und agiere ich auf der Bühne des Lebens – jetzt ohne Maske, im hellen Licht der Wahrheit? Einer, der mich bis in die letzten Motive hinein durchschaut, spielt mir mein Leben vor und nach – und am Ende würde er mir gar nicht mehr sagen müssen: Das bist du! Das war dein Leben! Ob mir das Beifallklatschen vergehen wird?

„Wenn er nämlich uns in unserem Tun nachahmen wird, dann ist es aus mit uns." Als ich mich hineinversetzte in diese Vorstellung, meinte ich immer mehr, dieses Bildwort von Ignatius verwerfen zu müssen: Christus wird so nicht tun, wenn ich vor sein Angesicht komme. Ja, ich glaube wohl, daß da im letzten Akt das Feuer ausbrechen wird und daß alles Falsche, Maskenhafte des Lebens in diesem Feuer verbrennen wird. Aber dieses Feuer ist das Feuer seiner Liebe! Sagt doch Ignatius selber: „Seien wir nicht gefühllos gegen seine *Güte!*"

Ich komme vor sein Angesicht. Und vor diesem Angesicht erkenne ich mein Leben. Diese Augen, die den Verleugner Petrus so anschauten, daß er ein durch die Liebe Verwandelter wurde!

Wenn Christus mir mein Leben vorspielen würde, jetzt – würde in diesem Spiel meines Lebens auch dies vorkommen, daß er mir zeigte: Sieh, da hast du vertraut! Da hast du gehofft! Da hast du geliebt!?

4

*Besser ist schweigen und sein
als reden und nicht sein*

Als Ignatius auf dem Leidensweg nach Rom ist, schreibt er in einem nach Rom vorausgeschickten Brief, daß er „an zehn Leoparden gefesselt" ist, d. h. an eine Abteilung Soldaten, die – so schreibt er – durch erwiesene Wohltaten noch schlimmer werden. Er ist also einer aus der unabsehbaren Schar der Verfolgten und Gefolterten, die die Grausamkeit des Menschen erfahren haben.

Aber mitten in dieser Bedrängnis, die in Rom mit dem gewaltsamen Tod enden wird, schreibt er in einem Brief an die Gemeinde von Ephesus ein Wort, das eine große Ruhe ausstrahlt. Er schreibt: „Besser ist schweigen und sein als reden und nicht sein." Wir denken an die vielen Weisheitsworte, die etwas Ähnliches aussagen, bis hin zu den Wandsprüchen von der Art: „Reden ist Silber, Schweigen ist Gold."

Aber das Wort von Ignatius reicht in eine andere, viel tiefere Dimension hinein. Für ihn hat alles eine Beziehung zu Christus. Und besonders jetzt auf dem Weg ins Martyrium kann er nichts denken ohne Christus. Und so müssen wir das ganze Wort hören, das er schreibt: „Besser ist schweigen und sein als reden und nicht sein. Gut ist das Lehren, wenn man tut, was man sagt. So ist nur einer Lehrer (Christus), der da sprach, und es geschah, und was er schweigend getan hat, ist des Vaters würdig. Wer Jesu Wort wirklich besitzt, kann auch seine Stille vernehmen, auf daß er vollkommen sei, auf daß er durch sein Wort wirke und durch sein Schweigen erkannt werde."

Ob mit diesem Schweigen bei Ignatius nicht gemeint ist: das tiefe, letzte Verwurzeltsein, Beheimatetsein in Gott? Das vertrauende Sichfallenlassen in das Geheimnis, das Gott ist? „Besser ist schweigen und sein als reden und nicht sein." Besser ist, seine Wurzeln in Gott zu haben und von daher die Fruchtbarkeit des Lebens, als wurzellos in Getue zu verfallen – und alles ist ohne Bestand!

„Besser ist schweigen und sein als reden und nicht sein ... Wer Jesu Wort wirklich besitzt, kann auch seine Stille vernehmen." Wer Jesu Wort wirklich in sein Leben eingelassen hat, der kann auch seine Stille, sein Geheimnis vernehmen: die Tiefe Gottes, aus der er kommt, den Raum der Ewigkeit.

Ich denke mir, das Schweigen, von dem Ignatius auf seinem Todesweg schreibt, bedeutet: Mit seinem Leben ganz eingetaucht sein in Christus und durch Christus in Gott.

Laßt mich reines Licht empfangen!
Dort angekommen, werde ich Mensch sein

Als Ignatius in Fesseln nach Rom gebracht wurde, wußte er, daß dort der Martyrertod auf ihn wartete. In einem Brief an die junge Christengemeinde von Rom, den er unterwegs vorausschicken konnte, bat er die Gemeinde, nichts für ihn zu seiner Befreiung zu unternehmen. Schon lebte er mit der ganzen Sehnsucht in der kommenden Welt. Er schreibt: „Laßt mich reines Licht empfangen! Dort angekommen, werde ich Mensch sein." Schon vorher hatte er seinen Gefangenenweg, der vom Osten, von Sonnenaufgang, nach Westen, nach Sonnenuntergang, ging, in tiefere Beziehung gebracht mit den Worten: „Gott hat den Bischof von Syrien gewürdigt, sich im Sonnenuntergang zu befinden, herbeigeholt vom Aufgang: Schön ist es, von der Welt unterzugehen zu Gott, damit ich bei ihm aufgehe." Und in bewegten Worten fügte er, im Blick auf das Martyrium, hinzu: „Weizen Gottes bin ich, und durch die Zähne der Bestien werde ich gemahlen, damit ich als reines Brot Christi erfunden werde."

Was ist dies für eine Glaubenssicht des Todesdurchganges, wenn er an die Christen in Rom schreibt, sie sollten nichts zu seiner Befreiung tun: „Haltet mich nicht ab vom *Leben*, verschenkt den, der Gottes sein will, nicht

an die Welt! Laßt mich reines Licht empfangen! Dort angekommen, werde ich Mensch sein."

Solche Worte sind nur möglich in einem sehr reifen
Glauben, der aus der Christusnähe kommt.

„Laßt mich reines Licht empfangen! Dort angekommen, werde ich Mensch sein." Im Licht, das aus dem
Antlitz Christi auf ihn übergeht, wird er Mensch sein,
wird er ganz er selbst sein; da wird er der sein, auf den er
sein ganzes Leben suchend und hoffend zugewandert ist.

In jedem von uns lebt die offene oder verschüttete
Sehnsucht, einmal „anzukommen", einmal ganz zu sein,
der zu sein, der ich in der Tiefe meines Wünschens sein
möchte. Ignatius spricht uns als starker Glaubenszeuge
diese Hoffnung zu: Das reine Licht wartet auf uns! Und
in diesem Licht, das Christus selbst ist, werden wir dann
endlich uns selbst ganz gefunden haben. Dann werden
wir angekommen sein. Dann werden wir endlich zu
Hause sein. „Laßt mich reines Licht empfangen! Dort angekommen, werde ich Mensch sein."

Jetzt fange ich an, ein Jünger zu sein

In den sieben Briefen, die Ignatius als Gefangener auf
dem Weg nach Rom an die jungen christlichen Gemeinden schreiben konnte, findet sich in zwei Briefen ein
gleiches Wort, das also offenbar sehr stark Aussage seines Herzens war. Er schreibt: „Jetzt fange ich an, ein Jünger zu sein." Und natürlich meint er: ein Jünger Jesu
Christi!

Dieses Wort hat bei Ignatius seinen eigenen Klang,
eine letzte Bedeutung: das Martyrium als Jüngerschaft
Jesu, des Gekreuzigten. Letzte, nicht mehr sich täu-
schende Jüngerschaft!

Dieses „Jetzt fange ich an, ein Jünger zu werden" be-
kommt in unseren Gedanken gewiß einen ganz anderen
Klang als bei Ignatius. Ich muß es von der Größe und
Glaubwürdigkeit, die es bei Ignatius hat, zurückholen in
meine kleine Anfänglichkeit.

Mir kommt das Wort des hl. Franz von Assisi in den
Sinn, das er vor seinem Sterben ausrief: „Brüder, laßt uns
endlich anfangen!"

Aber ich erschrecke: wie oft habe ich es mir schon gesagt: Jetzt fange ich an! Jetzt fange ich endlich an! Und
dann fiel alles wieder zurück in das schon immer Ge-
wohnte.

Vielleicht stellen wir uns einmal selbst diese Frage:

Kann ich erkennen, was Gott jetzt wohl am ehesten, am meisten von mir erwartet?

Ich denke, es ist gut, mit wacher Aufmerksamkeit und Ehrlichkeit nach einer Antwort auf diese Frage zu suchen. Vielleicht steckt darin ein erster Schritt, der uns das Recht gibt, mit wenigstens anfangender Redlichkeit das Wort sagen zu dürfen: „Jetzt fange ich an, ein Jünger Christi zu werden."

Ein Dreißigjähriger sagt dieses Wort anders als ein Siebzigjähriger. Je weiter die Jahre voranschreiten, um so mehr erlebt man die eigene Lebensgeschichte als „das zeitflüchtige Angebot der Ewigkeit" (Joseph Bernhart). Und es wandelt sich mit den verrinnenden Jahren der innere Sinn dieses Wortes: „Jetzt fange ich an, ein Jünger zu werden." Nicht mehr neuer Lebensentwurf und neuer aktiver Aufbruch, sondern die wachsende Erkenntnis der leeren Hände – und daraus das stumme und – möge es doch gewährt sein! – vertrauende Gebet: Herr, du allein! Du allein kannst den neuen Anfang schenken. Und so also das Sichfallenlassen in das unbegreifliche Geheimnis der Erbarmung Gottes.

Ich las einen Buchtitel: „Heute beginnt das Leben!" – ein gutes Wort, auch für den Christen, für den Jünger Christi. „Jetzt, heute, fange ich an, ein Jünger Christi zu sein."

IV

*Worte aus den Bekenntnissen
des hl. Augustinus*

Ein abgrundtief Geheimnis ist der Mensch

Grande profundum est ipse homo – IV, 14

„Ein abgrundtief Geheimnis ist der Mensch" – der dieses Wort gesagt hat, ist einer der Großen der abendländischen Welt. Es ist Augustinus, der bis in unsere Tage hinein das Denken unserer Geistesgeschichte beeinflußt. Er lebte in einer Zeit großen Umbruchs. Als er im August 430 als Bischof von Hippo in Nordafrika starb, belagerten die Vandalen seine Stadt. Zwanzig Jahre vorher war Rom unter dem Schlag der Westgoten gefallen. Das Weströmische Reich zerbrach. Eine neue Zeit kam herauf.

In seinem berühmtesten Buch, den „Bekenntnissen", hat Augustinus seine Geschichte mit Gott aufgezeichnet. Wir wollen einigen Worten dieses Buches nachgehen. Vielleicht spüren wir, wie lebensnah diese Worte, vor mehr als 1500 Jahren geschrieben, für uns sein können.

„Ich wurde mir selber zum großen Rätsel", so schreibt er, und dann: „Ein abgrundtief Geheimnis ist der Mensch!" Immer wieder diese Frage: Was ist der Mensch? Wer bin ich? Wir stehen vor einem Spiegel, wir schauen uns selbst in die Augen: Wer bin ich? „Ich wurde mir selber zum großen Rätsel." Wir haben etwas getan, wir fragen uns später: Wie konnte ich das nur tun? War ich das?

Wir kennen einen Menschen gut. Auf einmal ist uns, als wäre er uns ganz fremd, wir verstehen ihn überhaupt nicht mehr: „Ein abgrundtief Geheimnis ist der Mensch!"

Aber Augustinus bleibt nicht bei dieser Frage stehen, die den Menschen so sehr bedrängt: Was ist der Mensch? Wer bin ich? Er hat zutiefst erfahren, daß er nur weiterkommt, wenn er diese Frage vor Gott stellt. Er ahnt, daß der Mensch ein abgrundtief Geheimnis ist, weil er etwas mit Gott, dem ewigen Geheimnis, zu tun hat. Und in diesem Augenblick verwandelt sich die Frage nach sich selbst in die Frage nach Gott. „Sag mir", so schreibt er, „sag mir um deiner Erbarmungen willen, Herr, mein Gott, was du mir bist!" Und indem er so mit seiner Frage vor Gott gekommen ist und zu beten beginnt, geschieht etwas: er wird im Gebet Schritt für Schritt von sich selbst weggeführt zu Gott hin, und je mehr er vor Gott kommt, um so mehr ahnt er, wer er selber ist. Ahnt er das Unerhörte, daß Gott von ihm geliebt werden will! So spricht er – und was hindert uns, es mit ihm zu beten? –: „Was bist du mir? Ich selbst, was bin ich dir, daß du von mir geliebt zu werden wünschest? Sag mir um deiner Erbarmungen willen, Herr, mein Gott, was du mir bist? Sprich zu meiner Seele: Ich bin dein Heil! Sprich so, daß ich's höre! Siehe, die Ohren meines Herzens sind vor dir, öffne sie und sprich zu meiner Seele: Ich bin dein Heil! Nachlaufen will ich hinter dieser Stimme und dich ergreifen. Verbirg nicht vor mir dein Antlitz."

2

Wo war ich, als ich dich suchte?

Ubi ego eram, quando te quaerebam? – V, 2

Was ist der Mensch? Wie viele Antworten sind schon gegeben worden auf diese Frage – und es gibt kein Ende.

Eine Antwort lautet: Der Mensch ist der Suchende,
der ewig Suchende. Was sucht er? Einen letzten Sinn seines Daseins über die Todesgrenze hinaus? Ein letztes
und bleibendes Geborgensein, Zuhausesein? Ein nie
mehr aufhörendes Geliebtsein?

Der Mensch ein Suchender. Kaum einer hat das so gewußt wie Augustinus, der große Suchende. Aber er hat
auch gewußt, daß da im Menschen ein seltsamer Widerspruch ist: Er ist der Suchende – und zugleich verliert er
sich selbst immer wieder. Er sucht – und zerstreut sich.
Und so verliert er das wahre Ziel seines Suchens immer
wieder aus dem Auge.

„Wo war ich", so schreibt Augustinus in seinen „Bekenntnissen", „wo war ich, als ich dich, Herr, mein Gott,
suchte? Du standest vor mir, ich aber war auch vor mir
selber entlaufen und fand mich nicht: wie hätte ich dich
finden können!"

Und dann sagt er, aus der Tiefe seines suchenden Herzens: „Ach, daß ich mich sammle aus der Zerstreuung,
ich, der ich mich Stück für Stück zersplittert habe, da
ich, abgekehrt von dir, dem Einen, in ein Vielerlei mich
verlor!"

Können diese Worte nicht auch unsere Worte sein? Wenn einmal eine Stunde da ist, wo wir ganz still werden können, herausgelöst aus aller Ablenkung und Anstrengung und Zerrissenheit, dann beginnen wir vielleicht zu ahnen, daß wir Suchende sind, Suchende, die sich doch selber immer wieder verlieren.

Aber Augustinus hat gewußt, daß Gott nicht aufhört, uns zu suchen. Uns, die wir uns immer wieder von ihm weg verlieren. „Ich ging in die Irre", so schreibt er, „und wurde umhergewirbelt von jedem Wind, aber ganz im Verborgenen leitete mich deine Hand ... Ich hörte deine Stimme hinter mir, daß ich heimkehren solle – und ich habe sie kaum gehört vor dem lärmenden Getümmel der Friedlosen ... Du aber drängtest mich in meinen Herzenstiefen, Herr ... Du zogst mich hinter meinem Rükken hervor, wohin ich mich verkroch ... Ein Spiel von Wind und Wellen war ich ... Aber von weitem zog dein treues Erbarmen seine Kreise über mich."

Spät habe ich dich geliebt!

Sero te amavi – X, 27

Das werden die meisten von uns kennen: Wir sagen: das muß anders mit mir werden! Morgen fange ich an! Aber dann schieben wir es mit dem Anderswerden von einem Tag zum anderen vor uns her. Oder wir fangen tatsächlich an, aber es hält nicht vor – nach einigen Tagen rasten wir wieder in die altgewohnte Kerbe ein. In einem Augenblick ehrlicher Selbsterkenntnis wissen wir nur allzugut, daß wir uns mit unseren Bekehrungsvorsätzen oft genug etwas vormachen.

Keiner hat dies so gekannt und so durchschaut wie Augustinus, der nicht nur am Ende der Antike der große Theologe war, sondern auch ein großer Psychologe. An ungezählten Stellen seiner „Bekenntnisse" berichtet er sehr demütig von diesem Immer-wieder-Aufschieben in seinem Leben. Er schreibt: „Du, o Gott, hattest mir allenthalben gezeigt, daß das wahr ist, was du sagst. Ich war von deiner Wahrheit überwältigt. Aber ich wußte dir durchaus nichts zu erwidern als müde, schlaftrunkene Worte: Ich eile, sicher, ich eile; warte nur noch ein wenig! Aber mit dem ‚Ich eile‘ hatte es noch gute Weile, und das ‚Warte noch ein wenig‘ blieb beim Zuwarten."

Einmal erinnert er sich gar – und ich denke mir, daß er, als er es schrieb, ein wenig dabei gelächelt hat –, wie er als junger Mann gebetet hat: „Herr, verleih mir

Keuschheit und Enthaltsamkeit, doch übereil es nicht! Ich hatte Angst, du könntest mich zu schnell erhören!"

Und er faßt es zusammen, dieses Verschieben der wahren Bekehrung in den Satz: „Da bald der Wind von dieser, bald von jener Seite wehte und mir das Herz bald hier-, bald dorthin trieb, zerrann die Zeit, und ich säumte, mich zum Herrn zu bekehren, und von Tag zu Tag verschob ich es, mit dir zu leben!"

Als Augustinus schon in der zweiten Lebenshälfte stand und zurückschaute, da kam ihm ein Wort auf die Lippen, von dem man spürt, daß es aus einer tiefen, reifen Gottergriffenheit kam: „O du meine späte Freude! Spät habe ich dich geliebt!" Aber dieses „Spät" ist nun zu einer bewegenden Liebeserklärung vor Gott geworden. Und indem er es spricht aus seinem von Gott ergriffenen Herzen, holt es die ganze versäumte Zeit wie in einem einzigen Augenblick auf und schenkt das selige „Jetzt".

Augustinus betet – und vielleicht dürfen wir ein wenig mit hineingehen in die Worte seines Gebetes: „Spät habe ich dich geliebt, o Schönheit, spät habe ich dich geliebt! Siehe, du warst drinnen, und ich war draußen. Du warst mit mir, und ich war nicht bei dir. Du hast gerufen und laut gerufen und meine Taubheit mir zerrissen. Du hast mich angerührt: Da bin ich entbrannt nach deinem Frieden.

O ewige Wahrheit und wahre Liebe und geliebte Ewigkeit! Du bist es, du mein Gott, dir atme ich Tag und Nacht!"

4

Ich preise dich für meinen Lebensursprung

Laudem dicens tibi de primordiis – I, 6

Es gibt in den „Bekenntnissen" des hl. Augustinus einen Bericht, der gewiß zu den kostbarsten der Weltliteratur gehört. Es ist im Jahre 387. Augustinus will mit seiner Mutter von Rom her wieder in die Heimat nach Nordafrika zurückreisen. Da erkrankte seine Mutter schwer. Beide spüren, daß sie nicht mehr genesen wird. Augustinus schreibt: „Als der Tag nahe war, da sie aus diesem Leben scheiden sollte, da hatte es sich so gefügt, daß ich und sie allein an ein Fenster gelehnt beisammenstanden, von wo man auf den Innenhof des Hauses blickte, das wir bewohnten, dort in Ostia am Tiber. Da sprachen wir denn einsam miteinander. Und in der Gegenwart der Wahrheit, die du, o Gott, bist, befragten wir einander, wie denn wohl das zukünftige ewige Leben sein werde." Und dann beschreibt Augustinus, wie er und seine Mutter Monika in diesem Zwiegespräch über Gott und das kommende Leben bei Gott zu solchen Höhen kamen, daß alle Worte verstummen mußten und sie beide in einem seligen, fast zeitlosen Schweigen verharrten. Als sie dann wieder zum Wort zurückkehrten, ging das Gespräch schnell zu Ende. Augustinus beschließt den Bericht mit diesen Worten: „Herr, was an jenem Tag wir sprachen und wie uns unter diesen Worten die Welt in Nichts versank mit all ihren Freuden – du weißt es. Da sagte meine Mutter: Mein Sohn, was mich angeht, so lockt mich jetzt nichts mehr am irdischen Leben. Ein einziges war es, weshalb ich noch eine Zeit in dieser Welt zu leben wünschte: daß ich dich als katholischen Christen sähe, bevor ich stürbe. Das hat mein Gott mir überreich gewährt. Was also tu ich noch hier!"

Wenn man diesen Bericht im Ganzen liest, geht einem auf, daß durch ihn wie durch die ganzen Bekenntnisse ein Zug geht, der alles prägt: die Danksagung, die Preisung Gottes für das Licht der Erkenntnis, für das Licht des Glaubens. Schon auf den ersten Seiten findet sich das Wort: „Ich preise dich für meinen Lebensursprung", ich preise dich für mein Leben! Augustinus steht als gereifter Mann in einem starken Licht des Glaubens an Gott. So schaut er zurück an seinen Anfang und preist Gott für sein Leben, seinen Lebensanfang. Das Glaubenslicht taucht alles, auch die schlimmen Irrwege seines bewegten Lebens, jetzt zurückschauend, in eine Woge von Dankbarkeit und Preisung. Ja, einmal läßt der Überschwang ihn in die Worte ausbrechen: „Ich will in meine Kammer gehen und dir Liebeslieder singen!"

Wir hören solche Worte und sind betroffen. Können wir noch so danken? „Ich preise dich für meinen Lebensursprung" – ich preise dich dafür, daß ich da bin, ich preise dich für mein Leben – können wir es wahrhaftig sagen? Sollten wir nicht anfangen, es zu tun? Trotz allem? Auch Augustinus hat die dunklen Abgründe des Lebens gekannt, er spricht ausdrücklich von den „Schrecknissen Gottes". Aber er beharrt darauf: „Die Gott suchen, werden ihn finden, und wenn sie ihn finden, werden sie ihn preisen." Und sofort wird dieser Gedanke für ihn zum Gebet: „Ich will dich lieben, Herr, und will dir danken, und deinen Namen will ich preisen."

5

So lauft denn nach allen Seiten auseinander,
heilige Feuer, edle Feuer!
Ihr nämlich seid das Licht der Welt

Ubique discurrite, ignes sancti, ignes decori!
Vos enim estis lumen mundi – XIII, 19

Augustinus hat in seinen jungen Jahren vor seiner Bekehrung das, was die überreife spätantike Zeit an Lebensfreude bieten konnte, ausgekostet. Aber immer wieder
bricht eine Unruhe in ihm durch, die ihm sagt: Wie du
lebst – das ist es nicht.

Eines Tages sitzt er in Mailand im Garten seines Hauses. Da geschieht es, daß ihn ein Zeichen trifft. Er
schreibt: „Da hörte ich aus dem Nachbarhause eine
Stimme, als ob ein Knabe oder ein Mädchen, ich weiß es
nicht, im singenden Ton spräche und oftmals wieder-
holte: Nimm und lies! Nimm und lies! Sogleich verwan-
delte sich meine Miene, und angespannt begann ich
nachzudenken, ob Kinder bei irgendwelchem Spiel der-
gleichen zu singen pflegten ... Ich erhob mich und
wußte keine andere Deutung, als daß ein Gotteswort mir
anbefehle, die Heilige Schrift zu öffnen und das erste
Stück zu lesen, worauf mein Auge fiele ... Ich griff mit
Hast danach, ich schlug sie auf und las im Schweigen die
Stelle, worauf zuerst mein Auge fiel. ,Nicht in Schlem-
mereien und in Trinkgelagen, nicht in Ausschweifung
und Unzucht, nicht in Zank und Streit, nein: Zieht an
den Herrn Jesus Christus!' (Röm 13, 13). Weiter wollte
ich nicht lesen, es tat nicht not. Denn gleich bei diesem

Satz ergoß sich ein Strahl von Sicherheit in mein Herz, und alle Finsternis des Zweifels war zerstoben."

Von dieser Stunde an ist alles in seinem Leben verwandelt. Es beginnt ein Weg von einer atemberaubenden Kraft des christlichen Zeugnisses. Als Augustinus am Ende dieses Weges zurückschaut, da ergreift ihn eine Art heiliger Begeisterung über das, was der Christ in der Welt ist, was es bedeutet, als gläubiger Christ in dieser Welt zu leben. Gegen Ende seiner „Bekenntnisse" ruft er den Christen, überwältigt vom Glück seiner christlichen Erwählung, zu: „So lauft denn nach allen Seiten auseinander, heilige Feuer, edle Feuer! Ihr nämlich seid das Licht der Welt!" Er erinnert sie daran, daß es auf den ersten Seiten der Bibel heißt, wie Gott sprach: „Es werden Lichter am Firmament des Himmels!" Und nun sagt Augustinus den Christen: Das seid ihr! Ihr seid diese Lichter! „So lauft denn nach allen Seiten auseinander, heilige Feuer, edle Feuer! Ihr nämlich seid das Licht der Welt!"

Was für ein Pathos christlichen Bewußtseins! Wenn wir es heute hören – ich weiß nicht, ob es uns mehr beschämt oder mehr traurig macht oder gar noch mehr resignieren läßt. Und doch – ist es denn nicht ein Wort Christi an seine Jünger: „Ihr seid das Licht der Welt!" (Mt 5, 14)? Wir leuchten nicht aus uns, wahrhaftig nicht. Aber der das gesagt hat: „Ich bin das Licht der Welt", sagt auch: „Ihr seid das Licht der Welt." Und so wissen wir also, warum und wozu wir es sind: Wenn er, der allein das Licht ist, in uns ist und durch uns hindurchscheinen kann zur Welt hin! „So lauft denn nach allen Seiten auseinander, heilige Feuer, edle Feuer! Ihr nämlich seid das Licht der Welt!"

Ruhelos ist unser Herz, bis es ruhet in dir

Inquietum est cor nostrum,
donec requiescat in te – I, 1

Was ist der stärkste, der tiefste Klang in den „Bekennt-nissen" des hl. Augustinus? Es ist die Sehnsucht des Her-zens nach Gott! Kein Wort des hl. Augustinus ist bekannter als das Wort vom ruhelosen Herzen, das gleich in den ersten Zeilen seines Buches steht: „Du, o Gott, hast uns auf dich hin geschaffen, und ruhelos ist unser Herz, bis es ruhet in dir."

Er hat es gewußt, was der Mensch hier in der irdischen Pilgerschaft ist: „die tiefe Bedürftigkeit", so schreibt er. Er hat es gewußt, daß es etwas im Menschen gibt, das nicht zur Ruhe kommen kann, ein Durst, eine Sehn-sucht, die hier von nichts ganz gestillt werden kann: weil das Herz auf eine unendliche Erfüllung angelegt ist, das Menschenherz, das das Siegel seines Ursprungs, das Sie-gel Gottes, in sich trägt. Er hat es gewußt, was ein Dich-ter unserer Tage in die Worte gebracht hat:

Aber das Herz
ist eine ausgeschickte Taube,
gezeichnet mit dem Ring
an den Füßen,
und muß heim,
muß den Weg finden
auch mit zerfetzten Flügeln
und blinden Augen.   *Max Bolliger*

Ist es wirklich so mit dem Menschen? Erfährt er sich wirklich so: „Du, o Gott, hast uns auf dich hin geschaffen, und ruhelos ist unser Herz, bis es ruhet in dir"? Vielleicht ist diese Sehnsucht, diese gute Unruhe des Herzens bei vielen Menschen ganz verschüttet unter dem Vielerlei des Alltags, unter den vielen Möglichkeiten, mit kleinen Rationen irdischen Glücks die Sehnsucht des Herzens vorläufig zu stillen. Aber – da ist eine Stunde in der Nacht, eine Stunde in der Stille, wo der Lärm des Vielen zum Schweigen gekommen ist, und dann kann es sein, daß sie aufwacht, die leise Anfrage des Herzens, die Stimme der eigentlichen Berufung. Gut ist es, auf diese Stimme zu lauschen und nicht von ihr wegzulaufen. „Ich hörte", so schreibt Augustinus, „ich hörte deine Stimme, daß ich heimkehren sollte, und ich habe sie kaum gehört vor dem lärmenden Getümmel der Friedlosen."

Aber er kennt auch die andere Erfahrung: Wenn wir auf die Stimme hören, die Stimme unserer letzten Bestimmung, dann bricht die Sehnsucht noch stärker auf.

Es ist die Sehnsucht nach der letzten Erfüllung, die Sehnsucht nach dem Frieden, nach dem Einssein mit sich selbst, nach dem seligen Geliebtsein. Und so betet Augustinus am Ende seiner Bekenntnisse: „Herr, du Kraft meiner Seele, dringe ein in sie und bringe sie in Einklang mit dir, damit sie dein werde … Herr, Gott, gib uns den Frieden – du hast uns alles ja gegeben – Frieden der Ruhe, Frieden des Sabbats. Frieden ohne Abend. Denn alle diese herrlich-schöne Ordnung der sehr guten Dinge wird vergehen, wenn ihr Maß erfüllt ist: und es ward Morgen in ihnen und es ward Abend. Der siebte Tag aber ist ohne Abend, und er hat keinen Untergang: denn du hast ihn geheiligt, daß er ewig dauere."

V

Worte der Mystikerin
Mechthild von Magdeburg

Du brennender Gott in deiner Sehnsucht

Ein Mystiker ist einer, der etwas von Gott *erfahren* hat. Einer von ihnen hat gesagt, er wolle kein Lehrmeister, sondern ein Lebemeister sein.

Im 13. Jahrhundert lebte die Mystikerin Mechthild von Magdeburg. Wir wollen Worten nachgehen, die sie in ihrem Buch „Das fließende Licht der Gottheit" geschrieben hat.

In einer kühnen Anrede spricht sie Gott an: „Du brennender Gott in *deiner* Sehnsucht!" Gott, brennend in Sehnsucht nach dem Menschen!

Kann ich das glauben, daß es so ist? Daß Gott Sehnsucht hat nach mir? Daß Gott auf mich wartet: „Du brennender Gott in *deiner* Sehnsucht"?

In jedem Menschen ist das Verlangen nach Lebenssinn, der über die engen Grenzen des Alltagsdaseins hinausreicht. Und mancher, der keinen Sinn mehr finden kann, wird daran krank.

Woher kommt es wohl, daß im Menschen dieser Durst, dieser Hunger nach Sinn ist, nach Sinn, der das Leben öffnet und weitet über die engen Grenzen des Daseins? Ob es nicht sein kann, daß diese Sinn-Sehnsucht geweckt wird von jener anderen Sehnsucht, die *uns* sucht: „Du brennender Gott in *deiner* Sehnsucht"? Ob dieser Gott nicht wie ein Magnet ist, der uns an sich ziehen möchte – so wie Augustinus es erfahren hat: „Du, o Gott, hast uns zu dir hin geschaffen, und ruhelos ist unser Herz, bis es ruhet in dir"?

„Gott ist Liebe", so hören wir im Neuen Testament. Wenn Gott die Liebe ist, wenn Gott ein Liebender ist, *der* Liebende: Können wir dann nicht von ihm sagen, was wir von Liebenden sagen: sie haben Sehnsucht zueinander, sie haben Verlangen zusammenzusein?

Der lebendige Gott – hat er Sehnsucht nach dem Menschen, nach mir? Wartet er auf mich?

Vor einiger Zeit saß in einem Priesterseminar eine Gruppe von jungen Männern zusammen, die sich auf den Dienst in den Gemeinden als Priester vorbereiteten. Da kam der Vorschlag auf, jeder möge doch einmal mit *einem* Satz sagen, was er als Ziel seiner Seelsorge, seines Dienstes unter den Menschen ansehe. Einer sagte: Ich möchte dem Menschen, so gut ich es kann, nahebringen und bezeugen: Gott wartet auf dich!

Kann man das glauben, daß es so ist? Daß Gott auf jeden Menschen wartet? Daß Gott wie jener Vater im Evangelium ist, der an der Tür des Hauses steht und mit seinen Augen die Straße absucht, bis an den Horizont, ob der Sohn nicht heimkomme? Gibt es das in Gott, daß er auf *mich* wartet?

„Du brennender Gott in *deiner* Sehnsucht". Es gibt ein Psalmwort, das dieser Sehnsucht Gottes entgegengeht: „O Gott, mein Gott bist du, in Sehnsucht suche ich dich" (Ps 63).

Du leuchtest in meiner Seele
wie die Sonne auf dem Golde

Ein Mann von fünfunddreißig Jahren, tüchtig und ange-
sehen in seinem Beruf, aber auch überbeansprucht, war
in eine Lebenskrise gekommen. Eine innere Unruhe und
unerklärliche Ängste, von denen er nach außen hin sich
nichts merken ließ, plagten ihn. Eines Tages meldete er
sich zu einem Meditationskursus an. Es ging dort höchst
einfach zu. Die Übenden wurden angeleitet, eine halbe
Stunde in vollkommenem Schweigen dazusitzen und in
einer ruhigen Atemmeditation sich in den Vertrauensgrund einzulassen. Nachdem er einige Zeit diese Übung
täglich durchgehalten hatte, erfuhr er, daß in diesem
schweigenden Dasitzen Bilder in ihm aufkamen, wie
Traumbilder. Es drängte ihn, diese Bilder nachher mit
einfachen Farben zu malen; er hatte das Gefühl, daß es
ihn befreie.

Nun machte er im Fortgang seines Malens eine seltsame Entdeckung. Als er nach einigen Monaten mit einem Bekannten die Bilder in der zeitlichen Reihenfolge
ihres Entstehens einmal nacheinander durchsah, ging ihnen auf, daß auf den ersten Bildern viele Dunkelzonen
gemalt waren, die die Mitte der Bilder belagerten:
schwarze Wolkenbänke oder mauerartige Gebilde. Im
Laufe der Zeit aber lockerten sie sich auf, mehr und
mehr. Am Ende stand ein Bild, in dessen Mitte eine

große Blüte in gelb-goldenen Farben war, wie eine Sonne.

Hatte dieser Mann in diesem heilsamen Prozeß ahnungsvoll und wie von weitem etwas erfahren von dem, was Mechthild von Magdeburg vor siebenhundert Jahren in einem Gebetswort als *ihre* Erfahrung aussagt: „Du leuchtest in meiner Seele wie die Sonne auf dem Golde"?

Ist das nur ein schönes poetisches Bildwort? Oder ist es vielleicht doch Wirklichkeit? Ich glaube, daß wir etwas davon erfahren können, von diesem lebendigen „Goldgrund" in uns! Meistens leben wir oberflächlich darüber hinweg. Sehr oft ist er ganz verschüttet und zugedeckt. Aber manchmal schimmert etwas wie von weitem davon durch. Haben wir das nicht schon einmal erfahren in einem Augenblick, in welchem wir ganz tief mit uns eins waren? Als wir einem Menschen vergeben hatten, ohne etwas davon zu haben; als wir einem Menschen gut waren, ohne daß wir Lohn dafür bekamen? An dem Tag, an dem wir erfahren durften, daß uns selbst in einer schweren Schuld vergeben wurde, wirklich bis auf den Grund vergeben wurde? Kam nicht etwas davon durch, als uns eine große Dankbarkeit überströmte für eine beglükkende menschliche Begegnung? Kam nicht auch da etwas von diesem letzten und tiefen Vertrauensgrund in uns durch, als wir in einer verzweifelten Situation, wie von irgendwoher, die Kraft in uns spürten: und es wird doch wieder gut werden!?

„Du leuchtest in meiner Seele wie die Sonne auf dem Golde." – Wir dürfen vertrauen: Tiefer in uns als alle Dunkelheit, Verworrenheit, Rätselhaftigkeit, Bosheit – tiefer in uns ist ein Abgrund von Licht: „Du leuchtest in meiner Seele wie die Sonne auf dem Golde."

3

Herr, sähe ich dich unter Tausenden,
ich erkennte dich wohl

Wenige Jahre nach dem Krieg geschah dies in einem
Kino: Es wurde ein Dokumentarfilm gezeigt und darin
auch aus einem russischen Film ein Ausschnitt: ein end-
loser Zug deutscher Kriegsgefangener; mal zeigte die Ka-
mera aus Entfernung den nicht endenden Zug, mal kam
sie näher, so daß man Gesichter – welche Gesichter! – erkennen konnte. Auf einmal sprang eine Frau in dem
Kino auf und rief: Da, da ist mein Junge, da ist mein
Junge …!

Man kann sich vorstellen, welche Bewegung durch die
Zuschauer ging. Diese Mutter hatte ihren Sohn erkannt,
unter den Tausenden, in dem endlosen Zug der Gefangenen …

Daran mußte ich denken, als ich bei Mechthild von
Magdeburg das Wort las: „Herr, sähe ich dich unter Tausenden, ich erkennte dich wohl!"

Sie meint Christus. In ihm hat für sie Gott ein
menschliches Antlitz bekommen: „Herr, sähe ich dich
unter Tausenden, ich erkennte dich wohl!" Sie traut sich
zu, eine solche Liebende zu sein, daß sie ihn unter Tausenden, unter denen er sich verbirgt, entdecken würde.
Ein kühnes Wort! Wie eine Liebeserklärung klingt es!

Wenn er käme, würde ich ihn erkennen? Oder: Ist er
vielleicht schon da? Verbirgt er sich vielleicht nur? Un-

scheinbar? War es nicht damals schon nach seiner Auferstehung, daß er da war, aber unscheinbar: wie ein Gärtner – so sah ihn Maria Magdalena – oder wie ein Wanderer auf dem Emmausweg oder wie ein Unbekannter am Seeufer ...

Sollte er auch jetzt da sein? Könnte es sein, daß er uns ganz nahe ist? Könnte es sein, daß hier oder da etwas von ihm durchscheinen will?

Einmal hat er gesagt: „Was ihr dem geringsten meiner Brüder getan habt, das habt ihr *mir* getan!" – „Herr, sähe ich dich unter Tausenden, ich erkennte dich wohl!"

Wage ich dieses Wort zu sagen? Scharfe Augen allein genügen nicht. Man muß mit dem Herzen sehen können.

Vielleicht können wir die Einladung, die in diesem Wort verborgen ist, aufnehmen und unsere Augen einüben, auf der Suche zu sein nach ihm, ihn zu entdecken unter allen Verhüllungen und Verfremdungen.

Im Evangelium sagt er: „Ich war hungrig, und ihr habt mir zu essen gegeben; ich war durstig, und ihr habt mir zu trinken gegeben; ich war fremd, und ihr habt mich aufgenommen; ich war nackt, und ihr habt mich bekleidet; ich war krank, und ihr habt mich besucht; ich war im Gefängnis, und ihr seid zu mir gekommen ...: Amen, ich sage euch: Was ihr für einen meiner geringsten Brüder getan habt, das habt ihr für mich getan!" (Mt 25, 35 f).

„Herr, sähe ich dich unter Tausenden, ich erkennte dich wohl!"

4

Du bist, Herr, meine Labung,
ich bin deine Erblühung

Mechthild von Magdeburg hat dieses Wort gebetet:
„Du bist, Herr, meine Labung, ich bin deine Erblühung."

Die Sprache ist alt; so sprechen wir heute nicht mehr.
Aber wenn wir es in unsere Sprache übersetzen, zeigt
sich, daß es ein unerhört kühnes Gebet ist, das einem
fast die Sprache verschlägt: „Du bist, Herr, meine Labung, ich bin deine Erblühung."

Mit der ersten Hälfte werden wir keine so großen
Schwierigkeiten haben: „Du bist, Herr, meine Labung".
Ich will nicht sagen: *keine* Schwierigkeiten; denn
manchmal kommen wir mit den „Fügungen Gottes"
nicht mehr zurecht, können wir die Ereignisse unseres
Lebens durchaus nicht mehr als „Labung" Gottes verstehen.

Aber vor der zweiten Hälfte stehen wir zunächst rat-
los. „Ich bin deine Erblühung": in mir, durch mich
blühst du auf?

Ist das nur ein naiv-poetisches Wort, im Grunde nicht
ernst gemeint? Oder ist es das Wort eines ganz starken
Glaubens, das die Wirklichkeit Gott und Mensch in einem sehr kühnen Bild wiedergibt?

Sagt denn die Bibel nicht schon auf ihren ersten Seiten, daß im Menschen etwas von Gott durchkommt,

durchkommen will – wenn sie davon spricht, daß der Mensch Schöpfung Gottes, Bild Gottes ist?

Könnte es denn nicht wirklich so sein, daß der Mensch liebenswürdig ist für Gott? Daß Gott den Menschen so gedacht und gemacht hat, daß er, trotz allem, liebenswürdig ist für Gott? Die Mystiker, also die, die etwas von Gott erfahren haben, sagen: Gott will durch mich leben!

Ein weiser jüdischer Rabbi sagt: „Der Mensch ist die Sprache Gottes." Das heißt: Gott will sich im Menschen aussagen, Gott spricht sich aus im Menschen. Aber wie oft verweigert der Mensch sich Gott, verdirbt er die „Sprache" Gottes!

Gott wartet darauf, daß er sich durch uns aussagen kann, daß Gott durch uns durchkommen kann, in uns leben kann – „Ich bin deine Erblühung", sagt Mechthild von Magdeburg –, daß Gott in uns Raum findet, „aufblühen" kann!

In der Bibel steht beim Propheten Jesaja der Satz: „Denn der Herr hat an dir sein Entzücken ..." Das ist fast unglaublich, aber es steht da so! Wenn wir die Segel ausspannen und uns vom Geist Gottes treiben lassen ... „Denn der Herr hat an dir sein Entzücken!"

„Du bist, Herr, meine Labung, ich bin deine Erblühung": Gilt das auch für mich? Wenn wir anfangen wagemutig und kühn uns darauf einzulassen – ob wir dann nicht etwas davon erfahren werden?

5

Meine irdischen Freunde liebe ich
wie Gefährten der Ewigkeit

„Meine irdischen Freunde liebe ich wie Gefährten der Ewigkeit", so schreibt Mechthild von Magdeburg. „Gefährten der Ewigkeit": Der ganze Weg ist gemeint, nicht ein kleines Stück. Weiter Horizont, der sich öffnet!

Da ist das Feld unseres Lebens, Vergangenheit, heute ... Sind wir unseren Weg allein gegangen? Gehen wir unseren Weg allein? Habe ich Menschen auf meinem Weg, denen ich den Namen „Freunde" und „Gefährten" geben könnte? „Meine irdischen Freunde liebe ich wie Gefährten der Ewigkeit."

Ein gutes Wort, das uns hilft, den Menschen, den wir lieben, noch liebenswerter zu sehen: „Gefährten der Ewigkeit"!? Vielleicht wird mancher unter diesem Wort traurig: Ich habe keine Freunde, keine Gefährten auf meinem Weg ...

Aber wenn wir zurückschauen? Die Jahre der Kindheit, die Jahre des Jungseins ... und so Jahr für Jahr – war da kein Mensch, an den wir gerne zurückdenken?

Keiner von uns geht den Weg ganz allein. Gefährten der Vergangenheit gehen den Weg mit uns, und der Weg der Vergangenheit wird zum Weg der Zukunft: „Gefährten der Ewigkeit".

Ich besuchte eine alte Frau in einem Altenwohnheim.

Sie sagte: „Als ich jung war, sangen wir in der Kirche ein Lied, darin gibt es eine Strophe:

> Nur einer gibt Geleite, das ist der liebe Christ,
> er wandert treu zur Seite, wenn alles uns vergißt.

Das habe ich", so sagte mir die alte Dame, „früher wohl mitgesungen, aber mit dem Herzen war ich nicht dabei, oh, ich fühlte mich nicht vergessen und verlassen ...! Heute kann ich es singen. Und versuche zu glauben, daß es so ist."

„Meine irdischen Freunde liebe ich wie Gefährten der Ewigkeit." In der alten Sprache lautet dieses Wort: „Min irdensche frünt minne ich in einer himelscher geselleschaft." Da klingt noch ein anderes mit: „in einer himelscher geselleschaft" – sie sieht den großen Zusammenhang der irdischen Beziehungen mit denen, die vorausgegangen sind. Der Freundeskreis weitet sich in die himmlische Welt hinein, und das Licht aus der kommenden Welt fällt auf den Weg der irdischen Gefährtenschaft.

Worauf Gott seine Hoffnung setzt,
das wage ich

Da ist ein 13jähriger Junge, der Flöte spielt. Sein Lehrer in der Musikschule sagt zu Bekannten: Ich setze große Hoffnungen in ihn, er kann ein Meister werden, wenn er's durchhält!

„Ich setze große Hoffnungen auf ihn", manchmal denken oder sagen wir das von einem Menschen, der uns etwas bedeutet.

Bei Mechthild von Magdeburg las ich das Wort: „Worauf Gott seine Hoffnung setzt, das wage ich." Ich hielt inne: Kann man so von Gott sprechen? Gibt es das, daß Gott auf einen Menschen seine Hoffnung setzt? Und darauf wartet, daß er sie erfüllt? Wenn Gott ein lebendiger Gott ist und wenn der Mensch nicht eine Marionette in seiner Hand ist, sondern frei, für Gott ein Du – wird es dann nicht auch eine Erwartung Gottes geben, eine Hoffnung, die er in den Menschen setzt?

Wenn es so ist, daß Gott seine Hoffnung in mich setzt – kann ich es wissen, *welche* Hoffnung er in mich setzt? Wenn es Hoffnungen wären – aber das Wort steht in der Einzahl da: „Worauf Gott seine Hoffnung setzt, das wage ich": *eine* Hoffnung hat Gott auf mein Leben hin. Welche wird das sein? Es muß wohl etwas Hohes sein, denn Mechthild von Magdeburg sagt: „... das wage ich".

Ob nicht in jedem Menschen zutiefst die Fähigkeit

liegt, zu ahnen, mindestens zu *suchen,* welche Hoffnung das ist, die Gott auf ihn setzt? Ob nicht vielleicht *das* schon das Wagnis ist: daß ich mich auf den Weg mache, immer wahrhaftiger zu erfahren, was Gott von mir erhofft, erwartet? Auf der *Suche* zu sein nach der Hoffnung Gottes, die er auf mich setzt? die Wahrheit *meines* Lebens lebe? „Du mußt es wagen, du selbst zu sein!" (Dag Hammarskjöld).

Vielleicht ist das die Hoffnung Gottes, daß ich ihm vertraue! Einer der 1943 hingerichteten Lübecker Kapläne schrieb vor seinem Tod ein kleines Gebet auf, das überschrieben ist „Mit offenen Händen":

> Herr, hier sind meine Hände.
> Lege darauf, was du willst.
> Nimm hinweg, was du willst.
> Führe mich, wohin du willst.
> In allem geschehe dein Wille.

Wer so beten kann, vertraut ganz. Aber – kommt es uns nicht wie ein ungeheures Wagnis vor, so zu beten?

Eine Frau schrieb: „Ich kann nicht mehr glauben, ich kann nicht mehr vertrauen, alles ist mir zerbrochen ...!" Sie ist mit ihrem Leben an den Rand der Unbegreiflichkeit gekommen, wo sie sagt: Ich verstehe nichts mehr von Gott. Vielleicht wartet am Rande dieses Abgrunds die Gnade, das letzte Wagnis einzugehen und mit dem Gekreuzigten zu sprechen: „Vater, in deine Hände gebe ich mein Leben."

„Worauf Gott seine Hoffnung setzt, das wage ich."

VI

*Worte aus den Sinn-Sprüchen
eines Buches Anno 1704*

1

Dann hast du Ruh,
wenn Gott in dir wirkt ganz allein;
wirkt deine Eigenheit,
so mußt du ängstlich sein

Vor einiger Zeit schenkte mir jemand ein kleines Büchlein, das zweihundertachtzig Jahre alt ist, Anno 1704 gedruckt. Er hatte es in einem Antiquariat gefunden. Es hat einen langen barocken Titel, der über die ganze Titelseite gedruckt ist. „Prüfstein der Nachfolger Gottes und des Heilandes Jesu Christi in anmutigen Sprüchen aus geistreicher Lehrer Schriften und zur besonderen Erbauung zusammengetragen durch eine Seele, welche Jesum lieb hat, anjetzo aber in kurze Reime gebracht und mit geistlichen, das inwendige Leben betreffenden Denksprüchen vermehrt von einem aufrichtig Gesinnten."

Die Verse in diesem vergilbten Büchlein haben eine Verwandtschaft mit den Sinnsprüchen, die Angelus Silesius im „Cherubinischen Wandersmann" einige Jahrzehnte vorher veröffentlicht hatte. Vieles von dem, was die zweizeiligen Verse sagen, ist uns heute weit entrückt. Aber ich las doch auch Worte, die eine bleibende Gültigkeit haben und uns gute Weisung geben können.

Gleich am Anfang des Büchleins lese ich den Vers:

Dann hast du Ruh, wenn Gott in dir wirkt ganz allein;
wirkt deine Eigenheit, so mußt du ängstlich sein.

Ich bekam den Brief einer Frau, Mutter von drei Kindern, in dem sie schreibt: „Nicht aus eigener Anstrengung, sondern aus der Gnade leben." Ist das nicht das gleiche, was unser Vers sagt: „Dann hast du Ruh, wenn Gott in dir wirkt ganz allein; wirkt deine Eigenheit, so mußt du ängstlich sein"?

Ob dieses Wort nicht ein Schlüsselwort ist, das den Zugang zu einem wichtigen Lebensgeheimnis öffnet? „Nicht aus der eigenen Anstrengung, sondern aus der Gnade leben." Mit anderen Worten: Sich alles von Gott geben lassen!

Aber sofort stellt sich unsere Frage ein: Müssen wir uns nicht anstrengen? Dürfen wir dasitzen, die Hände im Schoß, und warten, bis uns gegeben wird? Ach, so vordergründig ist das Schlüsselwort nicht abzutun.

„Wirkt deine Eigenheit, so mußt du ängstlich sein." Wenn wir nur aus dem Eigenen, aus dem Eigenentwurf wirken, so als wäre niemand da, dem wir vertrauen könnten: Wird dann nicht schließlich alles Streß und Krampf?

Es gibt am Ende des Johannesevangeliums im letzten 21. Kapitel eine wunderbare Deutung unseres Wortes. Es ist nach Ostern, aber der Herr ist nicht bei seinen Jüngern. Beim Anbruch der Nacht sagt Petrus: „Ich gehe fischen." Da sagen die anderen: „Wir gehen mit." Aber in jener Nacht fangen sie nichts. Die Netze bleiben leer.

Das ist ein Bild. Sie gehen im Eigenentwurf, der Herr ist nicht bei ihnen. „Wirkt deine Eigenheit, so mußt du ängstlich sein." Sie arbeiten aus der puren eigenen Anstrengung heraus. Es bringt am Ende nichts ein.

Dann aber, am Morgen, steht der Herr am Ufer. Er schickt sie erneut zum Fischfang hinaus. Die Anstrengung bleibt, aber sie ist völlig verwandelt. Jetzt arbeiten sie aus jener Mitte, aus jenem Vertrauen heraus: „Es ist der Herr!" Und es füllen sich die Netze.

Mußt du je mit der Welt umgehn,
so kehr doch ein,
bleib stets bei dir, so kann sie dir
nicht schädlich sein

In den Sinnsprüchen meines alten Büchleins aus der Barockzeit finde ich viele Worte, die – für unsere Ohren seltsam – davon sprechen: du mußt die Welt verlassen, du mußt der Welt absterben, die Welt ist ein Hindernis auf dem Weg zu Gott usw. Die Barockzeit war eine Zeit voller Vitalität, voller Lebensfreude. Denken wir nur an die wunderbaren lichtdurchfluteten Barockkirchen Süddeutschlands. Eine von solcher Lebensspannung erfüllte Zeit konnte es sich leisten – und brauchte es auch wohl –, solche Weisung zu hören. Wir haben gewiß heute auch als Christen ein anderes Weltverhältnis als der Mensch der Barockzeit.

Aber da lese ich ein Wort, das setzt einen anderen Akzent. Es heißt:

Mußt du je mit der Welt umgehn, so kehr doch ein,
bleib stets bei dir, so kann sie dir nicht schädlich sein!

„Mußt du je mit der Welt umgehn". Da klingt zwar noch im Unterton mit: Wenn es denn schon sein muß, daß du mit der Welt umgehen mußt ..., aber dann will das Wort eine Hilfe geben, daß man sich nicht verliert an die Welt: „Mußt du je mit der Welt umgehn, so kehr doch ein." Dies „so kehr doch ein" scheint mir doppelsinnig zu sein. Einmal: so kehr doch getrost in die Welt ein, so wende dich doch getrost der Welt zu! Dann aber auch: so kehr doch bei dir ein. „Bleib stets bei dir, so kann sie dir nicht schädlich sein."

Dieses Wort hat seine Gültigkeit auch für uns heute. Unsere Welt, mit der wir umgehen müssen, kann eine ungeheure Faszination, ja einen Sog ausüben. Unsere Arbeitswelt, unsere Freizeitwelt, das gewaltige Angebot an Gütern, das überflutende Angebot aller Medien: Alles das kann uns ganz in Beschlag nehmen, kann uns vollstellen, kann uns sozusagen die „Seele" rauben. Und da sagt uns dieses alte Wort: Laß dich von den Dingen nicht wegholen, bleib du du selbst, laß nicht die Dinge über dich verfügen, sondern bewahre deine Freiheit. Laß dich nicht von außen steuern, sondern halte selbst das Steuer in der Hand. Bleibe lebenswahrhaftig: so verlierst du dich nicht an die Welt.

Aber mir genügt es nicht, dieses Wort nur wie ein Weisheitswort zu verstehen. Ich möchte es als Christ verstehen. „Bleib stets bei dir." Bei mir, in mir, dem Getauften, ist eine Kraft, ist eine lebendige Mitte, die unendlich mehr ist als mein Selbst. Es ist die Kraft Christi! Er gibt mir Halt, er gibt mir Stand mitten im vieldeutigen Anspruch der Welt, dem ich mich stellen muß. Er ist „die Kraft in meiner Schwachheit" (2 Kor 12, 9).

> Mußt du je mit der Welt umgehn, so kehr doch ein,
> bleib stets bei dir, so kann sie dir nicht schädlich sein.

Wie tue ich das, dieses „bleib stets bei dir"? Ich möchte am liebsten die Antwort geben: Wer betet, hört auf zu fliehen!

3

Mit wem man sich betrübt
und freuet in der Zeit,
mit dem wird man gericht't
dort in der Ewigkeit

Wie wird es nach dem Tode sein? Wird das, was hier
mein Leben, meine Geschichte ausgemacht hat, mitgehen in die Ewigkeit, in das kommende Leben? Werden
meine Entscheidungen, meine menschlichen Beziehungen, meine Freuden, meine Leiden, meine Unterlassun-
gen und Versäumnisse – wird das alles mein künftiges
Leben in der Ewigkeit „färben"? Wird meine irdische Geschichte mitgehen in die Ewigkeit und zu meinem Leben
in der kommenden Welt dazugehören? Oder wird es für
den göttlichen Richter sozusagen nur der „Stoff", das
„Material" für das Gericht über mich sein und dann an
der Schwelle der Ewigkeit als nun bedeutungslos zurück-
gelassen werden? Wird es einfach als nun überflüssiges
irdisches „Durchgangsmaterial" abgestoßen werden?

Mein kleines altes Büchlein aus dem Jahre 1704 gibt
darauf eine Antwort. Da lese ich:

Mit wem man sich betrübt und freuet in der Zeit,
mit dem wird man gericht't dort in der Ewigkeit.

Ich denke mir, daß man dieses Wort in zwei Stufen aus-
legen kann. Zunächst: Wofür ich mich hier in meinem
Leben entschieden habe, das wird vor das Gericht der
Ewigkeit kommen.

Und ich denke mir, es wird nicht ein Gericht sein wie

ein irdisches Gericht. Vor dem Antlitz der ewigen Liebe wird offenbar, was dieses Menschenleben war. Was die Summe der Geschichte dieses Menschenlebens war.

Das alte Wort möchte ich nun aber auch, einen Schritt weiter, so auslegen: Meine ganze irdische Geschichte geht, *verwandelt und verklärt,* in die Seligkeit des Lebens bei Gott ein. Sie wird für immer zu mir gehören. „Jeder Mensch trägt ein Stück Welt und ein Stück Geschichte vor Gott hin, und mit jedem Menschen, der stirbt, versammelt sich immer mehr Welt und immer mehr Geschichte vor Gott und wird von ihm verwandelt und verklärt" (G. Lohfink).

Und wie wird es mit meiner Schuld sein? Wenn in mir in meinem Tode nur ein Funke an Liebe war, dann darf ich hoffen, daß ich an der Schwelle der Ewigkeit angeschaut werde von den Augen des Erlösers, so wie Simon Petrus von ihm angeschaut wurde im Vorhof des Hohenpriesters. Und dieser Blick der ewigen Liebe wird die große schmerzliche Verwandlung sein, das Feuer der Liebe, das mich umschmelzt wie zu geläutertem Gold.

> Mit wem man sich betrübt und freuet in der Zeit,
> mit dem wird man gericht't dort in der Ewigkeit.

Dieser Vers legt mir den Ernst meiner Lebensverantwortung nahe. Aber ich lese ihn noch mehr als ein Wort der Tröstung: „Ich weiß, daß mein Erlöser lebt."

4

An andern strafen wir,
drin wir oft tiefer stecken,
weil wir durch Eigenlieb
uns vor uns selbst bedecken

„Prüfstein der Nachfolger Gottes und des Heilandes Jesu Christi", so fängt der Titel des alten Büchleins aus der Barockzeit an. Dieser Vers ist nun wirklich ein „Prüfstein":

> An andern strafen wir, drin wir oft tiefer stecken,
> weil wir durch Eigenlieb uns vor uns selbst bedecken.

Ich vermute, daß an diesem Vers der Tiefenpsychologe seine Freude hat. Steckt doch in diesem Wort genau das, was er mit Schattenprojektion meint. Wir ärgern uns oft an den wirklichen oder vermeintlichen Fehlern und dem Fehlverhalten eines anderen, weil dieser Fehler, ohne daß wir es zugeben, selber tief in uns drin steckt.

Wir merken nicht, daß da etwas an uns selber ist, das wir an uns nicht leiden können. Wir „bedecken" es vor uns selbst, wie unser Vers es sagt. Und dann werfen wir, ohne daß es uns richtig bewußt wird, diesen Schatten auf einen anderen, der möglicherweise diesen Fehler in Wirklichkeit gar nicht hat.

Jesus sagt: „Warum siehst du den Splitter im Auge deines Bruders, aber den Balken in deinem eigenen Auge bemerkst du nicht? Wie kannst du zu deinem Bruder sagen: Bruder, laß mich den Splitter aus deinem Auge herausziehen!, während du den Balken in deinem eigenen Auge nicht siehst? Du Heuchler! Zieh zuerst den

Balken aus deinem Auge; dann kannst du versuchen, den Splitter aus dem Auge deines Bruders herauszuziehen" (Lk 6, 41–42).

Die Frage Jesu sagt uns: Wenn wir den Bruder zurechtweisen wollen, müssen wir herkommen von der Zurechtweisung, die wir uns selber erteilt haben. Wer die eigene Verkehrtheit selbstgerecht übersieht und dem Bruder seine Verkehrtheit vorhält, wird von Jesus als Heuchler bezeichnet.

> An andern strafen wir, drin wir oft tiefer stecken,
> weil wir durch Eigenlieb uns vor uns selbst bedecken.

Den Schatten unserer Schuld und unserer Lebens- und Wahrheitsverdrängungen, diesen Balken im eigenen Auge, uns bewußtmachen, ist die Voraussetzung dafür, daß wir den Bruder richtig sehen und annehmen können. Solange wir unseren Schatten nicht wahrnehmen *und* annehmen, stehen wir in der ständigen Gefahr, ihn auf den Bruder zu projizieren. Wir werden aber nur dann den Mut haben, unseren eigenen Schatten wahrzunehmen und anzunehmen, wenn wir erfahren haben, daß wir von einem anderen angenommen sind, obwohl dieser andere unseren Schatten erkannt hat. Jesus aber sagt uns, daß wir von Gott, dem Vater, in unendlicher Barmherzigkeit angenommen sind, von ihm, der uns kennt bis auf den Grund; von ihm, der „gütig ist auch gegen Undankbare und Böse" (Lk 6, 35). Vor diesem Gott können wir uns bekennen mit „dem Balken im eigenen Auge", ohne Angst haben zu müssen, verworfen zu werden. Wie aber werden wir dann dem Bruder begegnen, bei dem wir den „Splitter" zu erkennen glauben?

5

Ich bitte: liebe nur!,
sonst tue, was du willst.
Weil Lieben niemand schadt,
ja die Gebot erfüllt

Ungefähr zur Zeit Jesu lebten zwei berühmte jüdische Gelehrte, Hillel und Schamai. Eines Tages, so wird erzählt, kommt ein römischer Offizier zu einem der beiden und sagt ihm: „Wenn du mir in der Zeit, die ich auf einem Bein stehen kann, sagst, was der Inhalt deiner Religion ist, so will ich sie annehmen." Da antwortete der Rabbi: „Liebe Gott aus ganzem Herzen und deine Nächsten wie dich selbst! Das ist alles. Alles andere ist Auslegung."

Auf diesem Hintergrund steht das Wort:

Ich bitte: liebe nur!, sonst tue, was du willst.
Weil Lieben niemand schadt, ja die Gebot erfüllt.

Der Mann, der um das Jahr 1700 das Büchlein geschrieben hat, hat aus alten Quellen geschöpft. Dieses Wort hat er wohl beim hl. Augustinus gefunden. Augustinus sagt: „Liebe nur, dann tue, was du willst."

Ist das nicht ein gefährliches Wort? Zumindest ein mißverständliches Wort:

Ich bitte: liebe nur! sonst tue, was du willst.
Weil Lieben niemand schadt, ja die Gebot erfüllt.

Daß einer, der Gott aus ganzem Herzen liebt und seinen Nächsten wie sich selbst, damit das ganze Gesetz, alle Weisung Gottes erfüllt, hat Jesus selbst gesagt.

Es gibt eine Liebe, die wie von selbst ins Strömen kommt: da, wo die sympathische Anziehungskraft und die erotische Ausstrahlung ins Spiel kommen. Aber die Liebe, die unser Sinnspruch meint, ist ohne Zweifel mehr als diese schöne Schöpfungsliebe unter Liebenden. Da ist ein Mensch, zu dem mich von Natur her nichts hinzieht. Aber ich bin ihm nun einmal begegnet, ich bin für ihn der Nächste geworden: jetzt lieben!

Was heißt das? Heißt es nicht: jetzt absehen von mir selbst und diesen Menschen wahrnehmen? Und: mithelfen, daß es jetzt mit ihm so wird, wie Gott es mit ihm meint! Jetzt sozusagen mit der Gesinnung Gottes, der gütig und barmherzig ist zu jedem, mich diesem Menschen zuwenden; ja bis hin zu diesem Äußersten: diesen Nächsten lieben wie mich selbst! Sofort spüren wir, welcher Anspruch in diesem Wort liegt: „Ich bitte: liebe nur!, sonst tue, was du willst!" Dieses Wort kann nicht mit einer falschen Beliebigkeit vertauscht werden.

Kann man das überhaupt, so lieben? Nein, ich glaube, man kann es nicht aus sich. Man kann es nur mit Gott.

Was schads!, ist schon mein Nam
bei Menschen unbekannt,
steht er gezeichnet doch
in Gottes eigner Hand

Es gibt das tiefe Verlangen im Menschen, nicht vergessen zu werden. Sehr viele Menschen haben, ob sie es sich eingestehen oder nicht, das Verlangen, einen Namen zu haben, sich einen Namen zu machen, bei den Menschen bekannt zu sein. Ich denke, dieses Verlangen gehört wohl zur Natur des Menschen, es gehört zu den Sehnsüchten des Menschen.

Aber es ist klar, daß diese Sehnsucht sich bei vielen nicht erfüllt. Viele leben unbekannt und unerkannt. Sie haben in der Öffentlichkeit keinen Namen, es wird ihnen keinerlei Denkmal gesetzt. Ja, nicht wenige Menschen scheinen schon zu ihren Lebzeiten vergessen zu sein.

In dem kleinen alten Buch finde ich diesen Vers:

Was schads!, ist schon mein Nam bei Menschen
    unbekannt,
steht er gezeichnet doch in Gottes eigner Hand.

So etwas kann man wohl leicht sagen, wenn man Titel und Namen bei den Menschen hat. Aber wenn man zu den vielen Unbekannten gehört, zu den Vergessenen? Welch ein Glaubensvertrauen spricht aus diesem Wort: „Was schads!, ist schon mein Nam bei Menschen unbekannt, steht er gezeichnet doch in Gottes eigner Hand!"

Ist das ein Wort, das sozusagen in die Luft geschrieben ist, oder hat dieses Vertrauen einen festen Grund?

Beim Propheten Jesaja klagt der Mensch: „Gott hat mich vergessen!" Und da sagt Gott: „Kann denn eine Frau ihr Kindlein vergessen, eine Mutter ihren leiblichen Sohn? Und selbst wenn sie ihn vergessen würde: Ich vergesse dich nicht! Sieh her: Ich habe dich eingezeichnet in meine Hände!"

Das Wort ist von Zion, der heiligen Stadt, gesprochen. Aber sie ist ein Bild für die Stadt Gottes. Nicht Steine sind gemeint, sondern der Mensch. Und so kann jeder im Glauben dieses mütterliche Wort Gottes auf sein Leben hin hören: „In meine Hände habe ich dich eingeschrieben, ich vergesse dich nicht! Dein Name ist mir immer vor Augen!"

Was ist das für ein wunderbares Bildwort: Gott hat meinen Namen, mein Leben in seine Hand geschrieben!

Ob es sein könnte, daß Gott, der Gott Jesu Christi, ganz besonders die Menschen in sein Gedenken aufnimmt, die auf Erden von keinem Gedenken umgeben sind?

VII

*Worte aus den Predigten
des Pfarrers von Ars*

Mensch, du bist ein Armer, der Gott um alles bitten muß

Es ist das Jahr 1818. Ein kleines Dorf in Frankreich, nahe bei Lyon: Ars ist sein Name. Kleine strohgedeckte Häuser, 230 Einwohner, aber vier Wirtshäuser. Die Revolution und die Napoleonische Zeit hatten das Gefüge von Sitte und Glaube zerbrochen. Da wird ein Priester, Johannes Maria Vianney, in dieses Dorf geschickt. Bald spüren die Dorfbewohner: Unser Pfarrer ist ein Heiliger. Dieser Mann, der in einer alle mitreißenden Frömmigkeit lebt, besiegt in wenigen Jahren alle Widerstände im Dorf. Die Leute sagen: „Unser Pfarrer tut selber, was er sagt." Nach zehn Jahren ist das Dorf verwandelt: „Ars ist nicht mehr Ars", sagt der Pfarrer selber. Bald spricht es sich im Land herum, daß da in dem weltverlorenen Dorf ein Heiliger lebt, der den Menschen bis ins Herz schauen kann. Aus Europa, ja aus Amerika kommen die Leute, nur um den Pfarrer von Ars zu hören und bei ihm zu beichten; zuletzt waren es mehr als hunderttausend jährlich.

Seine Worte sind von großer Einfachheit. Worte, die nicht Bücherweisheit sind, sondern aus der Erfahrung des Lebens mit Gott kommen.

Einmal sagt er in einer Predigt: „Mensch, du bist ein Armer, der Gott um alles bitten muß."

Ich denke: Hier ist etwas Wesentliches vom Menschen

gesagt; hier ist etwas Wesentliches *von mir* gesagt! „Mensch, du bist ein Armer, der Gott um alles bitten muß!"

Vor einiger Zeit fragte ich einen Freund, was er als die wichtigste geistliche Lebensregel bezeichnen würde, oder, anders gefragt: aus welcher Grundhaltung, aus welcher Einstellung er als Christ zu leben versuche. Er gab zur Antwort: „Sich alles von Gott geben lassen!"

„Mensch, du bist ein Armer, der Gott um alles bitten muß." Zuerst hört es sich so an, als mache dieses Wort den Menschen klein und gering und armselig – Ist er das nicht? Ist er nicht der große Bedürftige? –, aber wenn man weiterdenkt, wird man entdecken, daß in diesem Wort eine lebensrettende Wahrheit steckt, ja daß in diesem Wort zugleich die größte Würde des Menschen mitgesagt ist. Dieses Wort sagt: Wir leben von Gott! Und das ist Armut und Reichtum zugleich.

In dem Wort, das der arme, ungelehrte Dorfpfarrer sagte, schwingt etwas mit von dem Wort des großen Augustinus: Der Mensch sei die *copiosa egestas,* die „reiche Bedürftigkeit"; und von dem Wort des Philosophen Pascal von der *grandeur-misère* des Menschen, vom „Adels-Elend" des Menschen. Von Gott und nur von Gott leben zu können, das ist die größte Bedürftigkeit des Menschen und zugleich sein größter Adel.

„Mensch, du bist ein Armer, der Gott um alles bitten muß." Wenn ich anfange, mit diesem Wort zu leben, kann ich vielleicht eine Erfahrung machen: die Erfahrung der Freiheit!

---

2

*Wenn Sie so weitermachen, werden Sie
dem lieben Gott nichts als die entkräfteten
Reste eines Herzens darbringen,
das sich für Interessen verbraucht hat,
die nicht die seinen sind*

Zeitgenossen, die den Pfarrer von Ars erlebt haben, berichten, daß insbesondere die Augen dieses Heiligen, helle, blaue Augen, von einer unerhörten Freundlichkeit und Güte geleuchtet hätten. So hat er wohl mit diesen Augen den Menschen angeschaut, dem er dieses Wort sagte: „Wenn Sie so weitermachen, werden Sie dem lieben Gott nichts als die entkräfteten Reste eines Herzens darbringen, das sich für Interessen verbraucht hat, die nicht die seinen sind."

Es heißt, daß er manchmal mit seinem Blick dem Menschen bis auf den Grund der Seele schaute und ihm sein Leben aufdeckte, bevor er ein einziges Wort bekannt hatte.

Ich höre das Wort des Heiligen: „Wenn Sie so weitermachen ...!" – Was wird nach zehn Jahren sein, wenn ich mich nicht ändere?

Als Johannes Maria Vianney 1859 mit 73 Jahren starb, starb er buchstäblich an Entkräftung. Er hatte sich verbrauchen lassen im Dienst an den Menschen, er hatte die Kräfte seines Herzens nicht aufgespart. Ein Biograph schreibt: „Vianney ist der Pfarrer eines Dorfes, das er bis zu Gott zu schleppen gewillt ist." Als die Pilgerscharen das kleine Dorf Tag für Tag überfluten, sitzt er bis zu achtzehn Stunden im Beichtstuhl, diesem „Käfig", wie er einmal sagte, und hört die Bekenntnisse der Sünder und die Bitten um Rat und Hilfe. Die Menschen, die in seiner Nähe lebten, haben ihm oft – dem Sinne nach – gesagt: Wenn Sie so weitermachen, werden Sie dem lieben Gott bald ihr entkräftetes Herz darbringen ... Aber eben doch ein entkräftetes Herz, das sich ganz für Interessen verbraucht hat, die die Interessen Gottes waren!

Ich höre das Wort des Heiligen und lasse mich von ihm betreffen: „Wenn Sie so weitermachen, werden Sie dem lieben Gott nichts als die entkräfteten Reste eines Herzens darbringen, das sich für Interessen verbraucht hat, die nicht die seinen sind."

Was sind die Interessen Gottes? Sind sie nur im Spiel, wenn ich bete? Wenn ich zum Gottesdienst gehe? Sind sie nicht im Spiel in meiner Berufsarbeit? In meiner Freizeit? In meinen Menschenbeziehungen?

Wann sind denn die Interessen Gottes im Spiel? Ich glaube: überall da, wo mein Leben, mein Tun und Lassen etwas zu tun hat mit Liebe, Güte, Friede, Gerechtigkeit, Tränen, Leid ...! Nicht auf diese oder jene Einzelheit wird es wohl ankommen, sondern auf die Grundhaltung meines Herzens: ob es, das Herz, im Grunde sich selber festhält im Ichsagen oder ob es sich öffnet und freigibt im Dusagen. Auf die kürzeste Weise sagt es der erste Johannesbrief: „Gott ist Liebe, und wer in der Liebe bleibt, bleibt in Gott, und Gott bleibt in ihm" (1 Joh 4, 16).

Gott: Berühre und verwandle mein Herz, daß es deine Liebenswürdigkeit entdeckt und erkennt, wofür sich lohnt zu leben und zu sterben!

3

Die ganze irdische Welt kann eine für Gott
geschaffene Seele so wenig sättigen
wie eine Fingerspitze voll Mehl
einen Ausgehungerten

Ein Zeitgenosse sagt vom Pfarrer von Ars: „Sein Ausdruck war so hingerissen, besonders wenn er von der Liebe Gottes sprach, daß er nicht mehr von dieser Erde zu sein schien. Es war leicht zu erkennen, wenn man ihn hörte, daß ein göttliches Feuer ihn mitriß und über sich hinaushob."

„Die ganze irdische Welt kann eine für Gott geschaffene Seele so wenig sättigen wie eine Fingerspitze voll Mehl einen Ausgehungerten." Dieses bildhafte Wort des Pfarrers von Ars sagt das aus, was die großen Fragenden und Suchenden aller Zeiten erkannt haben: den unstillbaren Ewigkeitsdurst des Menschen.

Aber ist es denn wirklich so, wie dieses Wort es sagt? Gibt es denn nicht sehr viele Menschen, die sich, ihre Seele sättigen mit dem, was ihnen die Welt bietet? Die ganz davon erfüllt, ganz damit zufrieden sind?

Ich bezweifle es. Ich kann mir vorstellen, daß Besitz und Macht und Erfolg und Ruhm und besonders das schöpferische Werk den Menschen sehr erfüllen können – aber wie sieht das alles aus in den Einsamkeitsstunden der Nacht? Wie sieht das alles aus in einer Stunde äußerster Grenzerfahrung?

Vielleicht möchten wir sagen: Es gibt *ein* irdisches Gut, das den Menschen ganz erfüllen kann – die Erfahrung wahrer Liebe, die Erfahrung, ganz geliebt zu sein, ganz zu lieben. Aber ich glaube, daß gerade diese Erfahrung wahrer Liebe etwas mit Gott zu tun hat, mit Gott, den die Heilige Schrift „die Liebe" nennt. Und ich glaube, daß gerade die Erfahrung der Liebe die Sehnsucht wecken kann nach der Liebe, die nicht vergeht, die nie die „Melancholie der Erfüllung" kennt. „Die Freude des Menschen hienieden ist nichts als eine vergrößerte Sehnsucht", sagt der Dichter Jean Paul.

In dem Jahr, in dem der Pfarrer von Ars starb, 1859, kamen an die achtzigtausend Menschen in das kleine, keine dreihundert Einwohner zählende Dorf. Warum pilgerten sie dahin? Sie kamen, weil sie spürten: Hier ist ein Mann, der von Gott berührt ist! Sie kamen, weil sie ahnten: Im Zeugnis dieses Heiligen öffnet sich uns etwas, jene Tür, hinter der das Geheimnis letzter Erfüllung aller Hoffnung und Sehnsucht ist.

„Die ganze irdische Welt kann eine für Gott geschaffene Seele so wenig sättigen wie eine Fingerspitze voll Mehl einen Ausgehungerten."

Wir lassen dieses Wort an das Innerste unserer Seele kommen. Wir fragen alles Geschaffene, das unser Leben berührt und ausfüllen will: Bist du es? Bist du die Stillung meiner Sehnsucht über alle Grenzen hinaus?

4

Verachtet die Armen nicht, denn diese Verachtung würde auf Gott zurückfallen

In einer Lebensbeschreibung des heiligen Pfarrers von Ars, Johannes Maria Vianney, der vor hundertfünfzig Jahren in Frankreich lebte, finde ich folgende Sätze: „Vianney ist umgeben von Elend ohne Zahl, und wir wissen, daß er das nicht ertragen kann. Ganz besonders nahe geht es ihm, wenn er alle die Obdachlosen in der Gegend umherirren sieht, müde alte Bettler, die sich auf der Landstraße hinschleppen, Mädchen, die ihr Zuhause verlassen haben und aufs Geratewohl ausgezogen sind, Arbeit zu suchen, sogar Kinder, bejammernswerte, verlassene Kinder."

Johannes Maria Vianney sieht dieses Elend und hört sein Leben lang nicht auf, das Seine zu tun, es zu lindern. Er lebt selbst in einer freigewählten Armut, die erschreckend ist. Was man ihm schenkt, Geld oder andere Dinge, gleitet durch seine Hände und findet sich schnellstens in den Händen von Armen wieder. Als seine priesterlichen Mitbrüder aus der Nachbarschaft bei einer Zusammenkunft seine armselige Kleidung sehen, machen sie eine Sammlung unter sich und schenken ihm neue Kleidung. Ein paar Tage später sagt er zu ihnen, als sie wissen wollen, was aus ihrem Geschenk geworden ist, sehr verlegen: „Ihr hattet sie mir geschenkt, ich habe sie verborgt, auf Nimmerwiedersehen, an einen Armen, dem ich auf der Straße begegnet bin."

Wie er zum Besitz steht, sagt ein Wort wie dieses: „Euer Besitz ist nichts anderes als ein anvertrautes Gut, das Gott in eure Hände gelegt hat. Nachdem ihr genommen habt, was ihr und eure Familie braucht, gebührt der Rest den Armen." Oder: „Viele haben ihr Geld gespeichert; und während es in der Truhe liegt, sterben ebensoviele Arme."

Aber da ist noch ein anderes Wort von ihm. Es reicht noch weiter als die genannten Worte. Es lautet: „Verachtet die Armen nicht, denn diese Verachtung würde auf Gott zurückfallen." Er sieht die Armen mit Gott selbst zusammen. Wer einen Armen verachtet, verachtet Gott. Da wo ein Armer ist, ist Gott ganz nahe!

Vielleicht denken wir: Die Armut, die es vor hundertfünfzig und zweihundert Jahren in Frankreich und in Deutschland gab, in einer Zeit ohne allgemeine Sozialhilfe, gibt es heute hier nicht mehr. Nur – sobald wir den Blick über unsere westliche Welt hinausrichten, tritt das andere Wort des Pfarrers von Ars sofort in seine Gültigkeit: „Viele haben ihr Geld gespeichert; und während es in der Truhe liegt, sterben ebensoviele Arme."

Wo sind die Armen bei uns? Sind es nur die, die kein Geld haben? Es gibt viele Arme unter uns, die kaum Mangel an Geld und Besitz haben, deren ganzes Dasein aber nichts anderes ist als ein stummer Schrei nach Zuwendung, Geborgenheit, Lebenssinn, Lebensmut; nach Heimat, nach dem Menschen, der ihm das Du der Nähe und Liebe sagt.

Wer seinen Blick auftut, kann den Leidenszug im Antlitz vieler Menschen nicht übersehen; ein Leidenszug, der oft genug wie unter Zerstörung vergraben liegt. „Verachtet die Armen nicht, denn diese Verachtung würde auf Gott zurückfallen."

5

Ein Herz in der Gegenwart Gottes
ist wie eine Weintraube unter der Kelter

Als Johannes Maria Vianney siebzehn Jahre alt war, wurde der Pfarrer eines Nachbardorfes auf die ungewöhnliche religiöse Berufung dieses Bauernjungen aufmerksam und begann, ihm Unterricht zu geben. Johannes Maria Vianney hatte in den Wirren der Französischen Revolution kaum Schulunterricht gehabt; er hatte die Kinderjahre als Hütejunge verbracht. Aber die gläubigen Eltern vermittelten ihm das Christentum so stark, daß sein ganzes Leben davon bis in den Kern geprägt wurde. Ein Biograph schreibt: „Der junge Vianney ist ein ungewöhnlich intuitiver Geist, höchster religiöser Meditation zugewandt, mit einer unerschöpflichen, ja glühenden Phantasie." Diese Begabung läßt ihn später als Seelsorger in der Verkündigung des Evangeliums Bilder finden, die von hoher Einfachheit und zugleich Tiefe sind.

„Ein Herz in der Gegenwart Gottes ist wie eine Weintraube unter der Kelter", so sagte er einmal. Was ist das für ein Wort!

Wenn aus der Weintraube Wein werden soll, so muß sie durch die Kelter – wie durch eine schmerzliche Verwandlung. Wein ist *der* festliche Trank. Wein zu werden ist die höchste Möglichkeit der Weintraube.

Ist es so mit dem Menschen, der sich mit Gott einläßt?

Der die verwandelnde Nähe Gottes in seinem Leben zuläßt? Ist es verwunderlich, wenn ein Mensch sagt: Ich will nicht durch die Kelter Gottes?

Ich legte einmal am Ende eines religiösen Besinnungstages einem Kreis von Studenten und Studentinnen dieses Wort zur Meditation und zum geistlichen Gespräch vor: „Ein Herz in der Gegenwart Gottes ist wie eine Traube unter der Kelter." Da sagte eine Studentin: „Weintrauben, aus denen Wein gemacht werden soll, müssen vorher viel Sonne in sich aufgenommen haben." Sie wollte damit wohl sagen: Wenn ein Herz von Gott in eine schmerzliche, aber kostbare Verwandlung geführt werden soll, muß es vorher wohl viel Erfahrung von Liebe und Güte gemacht haben, um reif zu sein für die große Verwandlung.

Ob wir das Wort nicht zuerst von Jesus von Nazaret sagen können: „Ein Herz in der Gegenwart Gottes ist wie eine Weintraube unter der Kelter"? Es gibt mittelalterliche Bilder, in denen Jesus in der Weinkelter steht, und aus seinen Wunden springt das Erlöserblut ... Wunderbarste österliche Verwandlung, von der wir alle leben: in der Freude! In der Freude, die in das Fest der Ewigkeit führt.

Ein uraltes Gebet aus dem 5. Jahrhundert endet mit den Worten:

> Herr, verwandle erst meine Ähre in Brot,
> dann mag der Schnitter an mich herantreten.
> Fülle erst meine Traube mit Wein,
> dann mag der Winzer sich nahen!
> Durch deine vollkommene Gnade
> laß mich das Heil erlangen,
> um das ich dich bitte.

Eine reine Seele:
verborgen wie eine Muschel am Meeresgrund;
eines Tages wird ihre Schönheit aufstrahlen –
in der Sonne der Ewigkeit

Der dieses Wort vor hundertfünfzig Jahren gesagt hat, Johannes Maria Vianney, der heilige Pfarrer von Ars, kannte wie kaum ein anderer die Dämonie des Bösen. Es kam vor, daß er von den vierundzwanzig Stunden eines Tages siebzehn bis achtzehn Stunden die Beichte von Sündern hörte. Halbtot vor Erschöpfung wankte er dann aus dem Beichtstuhl. Manchem Sünder sah er mit seherischer Schärfe bis auf den Grund der Seele und sagte ihm seine Schuld, bevor dieser selber sie eingestand. Oft verdichtete sich für ihn die Erfahrung des Bösen zu unheimlichen Überfällen des Dämonischen.

Auf solchem Hintergrund steht sein Wort: „Eine reine Seele: verborgen wie eine Muschel am Meeresgrund; eines Tages wird ihre Schönheit aufstrahlen – in der Sonne der Ewigkeit."

Er selber war eine reine Seele. Was ist das: eine reine Seele? Ich möchte es gerne so sagen: Das ist ein Mensch, der ganz unverstellt ist, der ganz er selbst ist, eins mit seinem Wesen, so daß der Anruf Gottes, die Schönheit Gottes, rein und ungebrochen durchkommen kann. Eine reine Seele: ein Liebender, der in Lauterkeit absieht von sich selbst. Aber vielleicht ist auch das eine reine Seele zu nennen: ein Mensch, der seine Zerbrochenheit, seinen Schatten, seine Schuld kennt und keine andere

Sehnsucht mehr hat, als von Gott angeschaut zu werden, um heil zu werden.

„Verborgen wie eine Muschel am Meeresgrund": Das wahrhaft Schöne und Reine ist fast immer verhüllt, bleibt in der Stille. Das Böse, das Grelle und Laute und Selbstherrliche drängt sich lärmend vor.

„Eine reine Seele – eines Tages wird ihre Schönheit aufstrahlen in der Sonne der Ewigkeit."

Eine der bewegendsten Wahrheiten der christlichen Offenbarung ist dies: Gott freut sich am Menschen, der Seine Schönheit widerstrahlt! Wörtlich heißt es beim Propheten Jesaja: „Der Herr hat an dir seine Freude." Und beim Propheten Zefanja: „Er, dein Gott, ist drinnen bei dir: Er entzückt sich an dir in der Freude!"

Dieses Wunder Gottes: Er hat den Menschen in Schöpfung und Erlösung so gemacht, daß er Gottes Schönheit in sich aufnehmen und widerstrahlen kann – so daß Gott sich an ihm freut! Ja, daß Gott, der *der* Liebende ist, Sehnsucht hat nach dem Menschen. „Du brennender Gott in deiner Sehnsucht", sagt Mechthild von Magdeburg.

Jeder Mensch will glücklich werden. Was wird das letzte und bleibende Glück des Menschen sein? Ich denke mir, daß dies der Himmel ist: Ganz geliebt zu werden, ganz zu lieben; daß dies bleibe; und daß alle Welt einbeschlossen sei. Das ist wohl darin mitgemeint, wenn der heilige Pfarrer von Ars sagt: „Eine reine Seele: verborgen wie eine Muschel am Meeresgrund; eines Tages wird ihre Schönheit aufstrahlen – in der Sonne der Ewigkeit."

VIII

*Worte aus der Weisheit
der Legende*

1

Sankt Brendan und die Ausfahrt

Sechs Legenden möchte ich erzählen. Legenden? Sind das nicht märchenhafte Geschichten? Ja, es sind Geschichten fast wie Märchen. Aber heute wissen wir, daß Legenden und Märchen in der Sprache von Bildern und Symbolen tiefe Wahrheiten sagen. Wir hören eine Legende – und auf einmal erkennen wir: sie spricht von uns selber! Sie spricht uns eine tiefe Lebenserfahrung oder eine christliche Weisung zu.

Da ist z. B. die Legende vom hl. Brendan (vgl. W. Kettler: Narren, Drachentöter und andere Heilige, München 1976). Hierzulande kennt man diesen Heiligen nicht, aber in Irland kennt ihn jedes Kind. Brendan war ein irischer Mönch des 6. Jahrhunderts. Damals gab es Mönche, die sich in einem kleinen Boot auf das Meer hinaustreiben ließen. Sie wollten erfahren, wie das ist, wenn man alles losläßt, wenn man jede Sicherheit aufgibt, wenn man völliger Einsamkeit ausgesetzt ist, wenn die Stürme und die Dämonen der Nacht das kleine Boot überfallen draußen auf dem nordischen Nebelmeer.

Brendan treibt mit dem Boot auf das Meer hinaus. Eine Stimme in ihm drängt ihn: Brich auf! Laß alles los! Überlaß dich dem radikalen Vertrauen! Er will auf dem endlosen Meer allein mit Gott sein. Aber zugleich treibt ihn die Sehnsucht: Irgendwo, jenseits aller erkennbaren Horizonte, gibt es ein wunderbares Land.

Es wird eine Fahrt voller Abenteuer, Sturmnächte, Seeungeheuer, Dämonen von innen und von außen. Eines Tages fällt eine ungeheure Finsternis über das Boot. Brendan weiß: Wenn ich sie bestehe, dann bin ich durch! Und wirklich: Das Dunkel macht einem wunderbaren Licht Platz. Das ersehnte Land liegt vor ihm: Bäume, Früchte, paradiesische Fülle! Ein Jüngling tritt ihm entgegen und sagt: Dies ist das Land, das du gesucht hast. Und doch: du mußt wieder heimkehren. Bis zu deinem Tod hast du zu Hause dein Werk zu tun. Aber du bist nun ein Wissender geworden. Du weißt, was vor dir liegt: das Land der Verheißung!

Wir sollten versuchen, diese Legende auf unsere eigene Lebensgeschichte hin auszulegen. Aufbruch aus festhaltenden und erstarrenden „Positionen". Immer wieder Aufbrechen aus dem Gehäuse des Ich. Sich anvertrauen dem Unüberschaubaren in „Ungewißheit und Wagnis" (Peter Wust), aber gedrängt und gelenkt von der inneren Stimme der Wahrheit. Das Bestehen von Leid und Widerstand; Gefahren der Ablenkung, des Zweifels, der Müdigkeit; die Einsamkeit des Suchens; die Erfahrung, daß man wie ausgesetzt ist auf dem endlosen Meer; aber dann auch das beglückende Erlebnis von Reifung und Findung. Und danach: eine Art Heimkehr als ein Verwandelter; die neue Hinwendung zur Lebensaufgabe.

Warum sind solche Legenden immer wieder weitererzählt worden?

Weil wir selber darin vorkommen!

Sankt Korbinian und der Bär

Legenden wollen uns in der Sprache der Bilder und Symbole tiefe menschliche und christliche Wahrheiten sagen. So ist es auch mit einer Legende vom hl. Korbinian.

Korbinian, geboren um 670, zog nach langen Jahren eines Einsiedlerlebens durch das damals heidnische Bayern und verkündigte das Evangelium von Jesus Christus. Er wurde erster Bischof von Freising, aus dem das heutige Bistum München-Freising entstanden ist.

Die Legende erzählt: Korbinian hatte sich aufgemacht zu einer Pilgerfahrt nach Rom zu den Gräbern der Apostel Petrus und Paulus. Ein Maultier trug sein Gepäck. Eines Nachts, als Korbinian in den Alpen in seinem Zelt übernachtete, fiel ein Bär über das Maultier her und tötete es. Korbinian erwachte, kam aus dem Zelt, ging mit seinem Brustkreuz in der Hand auf den Bären zu und rief ihm zu: Du hast mein Lasttier getötet, jetzt befehle ich dir: Du sollst mein Gepäck tragen! Und wirklich, der Bär ließ sich willig die Last auflegen und trottete mit Korbinian weiter auf dem Weg zur heiligen Stadt Rom. –

Wir lächeln, so wie Erwachsene lächeln, wenn sie die sonderbaren Verwandlungen in einem Märchen hören. Aber kann es nicht doch sein, daß sich in dieser Legende eine tiefe menschliche Erfahrung ausspricht?

Wie, wenn der Bär ein Bild wäre für das Wilde in uns?

Für das Zerstörerisch-Triebhafte in uns, das uns kaputt-machen will? Wie, wenn der Bär unser dunkler Schatten wäre, der uns nicht leben, nicht aufleben lassen will? Der uns den Weg zur Heiligen Stadt – und auch das ist ein Symbol der letzten Reifung, der vollendeten Selbstfin-dung –, der uns den Lebensfortschritt, den Weg zum Ganzwerden verstellen will?

Entdecken wir nicht manchmal diesen Bären: das maßlos Aggressive in uns? Das Böse? Ist das nicht auch ein Teil von uns? Was tun wir damit? Korbinian geht dem Bären entgegen mit dem Kreuz, segnet ihn gleich-sam – und der Bär verwandelt sich in eine gezähmte Kraft, die ihm die Last des Weges trägt.

Vielleicht will uns diese Legende mit ihrer märchen-haften Bildsprache sagen: Du darfst dich nicht verkrie-chen vor dem Schatten in dir, vor der zerstörerischen Kraft in dir, darfst nicht so tun, als wäre er, der Schatten nicht da; du darfst ihn auch nicht nur immer verjagen wollen – er kehrt doch wieder zurück! Du mußt dich die-sem Bären stellen. Mußt ihn in den Blick nehmen, ihn wahrnehmen, ihn annehmen: Das also ist in mir! Das also gehört zu mir.

Aber in diesem „Bären" steckt doch Kraft, steckt doch Leben. Wenn man diese wilde Kraft zähmen könnte! Wenn man sie in den Dienst nehmen könnte!

Habe ich nicht die Möglichkeit der Verwandlung? Was ist das denn in mir, was da in der Legende mit dem Brustkreuz Korbinians gemeint ist? Es ist in mir, dem Ge-tauften, die Kraft des Vertrauens, daß ich von einem un-endlich Stärkeren ganz und gar gehalten bin. Daß ich mich in diesem Vertrauen meinem dunklen, bedrängen-den Schatten stellen kann. Ich habe das Licht in mir, das den Schatten aufhellen kann.

Sankt Benedikt und der Stein

Wenn wir eine Legende hören, fragen wir leicht: Kann das denn wahr sein? Und wir meinen mit dieser Frage, ob die Geschichte denn ganz genau so passiert sei. Aber wenn wir so fragen, gehen wir an der eigentlichen Wahrheit der Legende, die tiefer liegt, vorbei. Was die Legende uns in einer märchenhaften Erzählung sagen will, können wir alle in unserem eigenen Leben erfahren.

So ist es auch mit einer Legende aus dem Leben des hl. Benedikt. Er lebte im 6. Jahrhundert und gilt als der Mönchsvater des Abendlandes. Da wird erzählt: Eines Tages, als die Mönche beim Bau eines neuen Klosters waren, wollten sie einen großen Stein aufheben. Da er ihnen zu schwer war, holten sie noch andere Männer herbei, die ihnen helfen sollten. Aber mit aller Anstrengung vermochten sie den Stein nicht aufzuheben. Das ist ja, so sagten sie, als säße der Teufel darauf!

Der Abt Benedikt kam vorbei und sah, wie sie sich vergebens abquälten. Er trat hinzu und machte ein Segenszeichen über den Stein und über die Männer. Und siehe da, im gleichen Augenblick war es, als ob ein dunkler Schatten von dem Stein weghuschte. Die Männer hoben den Stein auf und trugen ihn mit Leichtigkeit.

Wir denken: Schön wär's, wenn es immer so leicht ginge! Aber: manchmal geht es deshalb nicht so leicht, weil wir es uns zu schwer machen. Haben wir denn noch nie erfahren, daß es so gehen kann, wie die Legende erzählt?

Da stehen wir vor einer Arbeit, es will und will nicht weitergehen. Als wenn der Teufel drinsäße, sagen wir. Wir strengen uns an, mit allen Kräften angespannt – die Sache rührt sich nicht von der Stelle. Mit finsterem Gesicht quälen wir uns ab, bedrückt von der Last, die vor uns liegt, möchten daran verzweifeln – es geht einfach nicht weiter! Und möglicherweise ist da neben uns ein anderer, der hat die gleiche Arbeit zu tun wie wir, und wir sehen, daß er sie fast mit leichter Hand löst und davonträgt. Wie macht er das nur?

Ob der Segen, den Benedikt über den Stein gibt, uns sagen will: Geh doch einmal von einer anderen Kraftquelle aus als von deiner verbissenen Anstrengung! Stell dich doch zuerst einmal auf jenen Vertrauensgrund, der trägt und der Wurzelkraft hergibt! Vielleicht strömt dir etwas zu, was du mit aller Anstrengung nicht machen kannst.

Einmal habe ich ein Wort bei dem Dichter Richard Dehmel gelesen, das ist wie eine schöne Auslegung, wie ein Schlüsselwort zu unserer Legende: „Nichts ist schwer, sind wir nur leicht!" Nichts ist schwer, sind wir nur gelöst, gelassen, vertrauend, durchlässig! Gehalten von innen, aus der Mitte, die wir nicht gemacht haben, sondern die als Geschenk in uns gelegt ist, die wir nur zulassen können. Im Letzten aus der Mitte, die Jesus seinen himmlischen Vater nennt. Wenn wir, wie Benedikt in dieser Legende, unseren Schwerpunkt in Gott haben, ist nichts mehr todesschwer.

Sankt Blasius und die Tiere

Am 3. Februar, am Tage nach Lichtmeß, wird in den katholischen Kirchen der Blasiussegen erteilt. Der Priester hält zwei gekreuzte Kerzen über den Gläubigen und segnet ihn.

Die Überlieferung sagt, daß Blasius ein christlicher Arzt in einer Stadt Armeniens war. Er lebte zur Zeit des römischen Kaisers Diokletian. Da er ein Mann großer Menschenliebe war, der in jedem Kranken seinen Bruder, seine Schwester sah, erbaten die Christen dieser Stadt sich ihn nach dem Tode ihres Bischofs zu dessen Nachfolger. Bald aber brach eine Christenverfolgung aus. Damit sie ihren Bischof nicht verlören, baten die Christen ihn, sich doch so lange zu verbergen, bis der Sturm der Verfolgung vorüber sei. Blasius ging darauf ein und lebte längere Zeit in einer Höhle im Wald. In dieser Zeit der Einsamkeit freundete er sich, so erzählt die Legende, mit den Tieren des Waldes an. Er befreite in Fallen gefangene Tiere und pflegte verletzte oder kranke Tiere. Sie faßten großes Zutrauen zu ihm.

Eines Tages hielt der Statthalter der Provinz in dem Wald mit vielen Jagdgesellen eine große Jagd ab. Da entdeckten die Jäger, daß die aufgescheuchten Tiere alle in die gleiche Richtung flohen. Sie folgten den Spuren der Tiere und kamen zu der Höhle, in der Bischof Blasius hauste. Von ihrem Instinkt getrieben, waren die bedrohten Tiere zu dem Ort hingeflohen, wo sie immer Geborgenheit erfahren hatten, zu einem Menschen hin, bei dem sie Frieden verspürten, zu einem Menschen, der sie befreit und bewahrt hatte.

Ich denke, daß diese tiefsinnige Aussage dieser Legende uns heute beschämen und betroffen machen kann. Die stumme Kreatur strebt diesem Menschen zu als dem Ort des Friedens, der Bewahrung! Die Legende will sagen: Da, wo der Mensch mit sich in Frieden ist, da, wo er mit Gott lebt, da ist er auch eins mit der Kreatur, da spürt auch die Kreatur etwas von dem Strahlungsfeld des Friedens und des Lebens.

Ich denke an die Worte des Apostels Paulus im großen achten Kapitel des Römerbriefes: „Alle Geschöpfe warten sehnsüchtig auf das Offenbarwerden der Kinder Gottes, die ganze Schöpfung stöhnt bis jetzt noch vor Schmerzen, als liege sie in Geburtswehen."

In einer Zeit, in der wir in der großen Gefahr stehen, durch unsere Schuld die Erde zu verderben, die Ehrfurcht vor den Geschöpfen Gottes zu verlieren – in solcher Zeit kann uns diese Legende sagen: Die Erde, die Kreatur wartet auf den Menschen, der im Frieden mit sich selbst lebt, der im Frieden mit Gott lebt. Die Erde, die Kreatur wartet auf den Menschen der Ehrfurcht.

5

Veronika: Das heilige Antlitz

In den meisten katholischen Kirchen hängen an den Wänden Bilder vom Kreuzweg des Herrn. Betend geht man die vierzehn Stationen und betrachtet den Leidensweg des Herrn, angefangen von der Verurteilung bis zur Grablegung. Die sechste Station des Kreuzweges lautet: Veronika reicht Jesus das Schweißtuch. Diese Betrachtung geht auf eine Legende zurück, die seit Jahrhunderten das Herz der gläubigen Christen berührt hat.

Die Legende erzählt: Als Jesus nach seiner Geißelung und Dornenkrönung, schon fast zu Tode geschwächt, mit dem Kreuz beladen, von den Henkern durch die Straßen Jerusalems getrieben wird, bricht er unter der Last des Kreuzes zusammen. Da löst sich aus der gaffenden Menschenmenge eine Frau, geht mutig und den Spott der Menge nicht achtend, auf die Elendsgestalt zu, beugt sich zu dem Gestürzten und reicht ihm ein weißes Tuch, damit er sich sein von Blut und Schweiß entstelltes Antlitz trocknen kann. Als Jesus das Tuch der Frau zurückreicht und sie es auseinanderfaltet, sieht sie darin die Leidenszüge seines Antlitzes tief eingeprägt. In großer Verehrung bewahrt sie das Tuch auf. Nach Ostern wird es für sie und für die Jünger Jesu zu einem kostbaren Gedenken an die Passion des Herrn. Die Frau aber trägt seitdem den Namen Veronika, das heißt: Wahres Antlitz!

Die Legende sagt: Es ist zuerst eine Frau gewesen, die sich dem zerschundenen Menschen zugewandt hat, noch bevor sie wußte, wer in diesem gefolterten Menschen litt. Es ist eine Frau gewesen, die als erste und einzige den Mut hatte, sich aus dem Haß der Menge zu lösen und das zu tun, was ihr Herz ihr eingab.

Gewiß, es ist eine Legende. Aber birgt sie nicht in sich eine geheime Wahrheit? Wenn ich nicht Zuschauer am Weg des Herrn bleibe, sondern Anteil nehme, mitgehe, dann prägt sich meinem Leben sein Antlitz ein. Das Leidensantlitz, das sich einmal verwandelt in österliche Herrlichkeit! Wo finde ich denn den Herrn auf dem Weg seiner Passion? Ob er sich nicht verbirgt in jedem Leidenden, Gequälten, Gefolterten?

So wie das Antlitz Jesu sich dem Tuch Veronikas eingeprägt hat, so hat sich die Passion des Herrn der Welt eingeprägt. Das verborgene Leidensantlitz will sich der Welt mitteilen. Es verweist auf die österliche Verwandlung, auf die österliche Verklärung! Und so wie Veronika das Bild Jesu verehrungsvoll aufbewahrte, so soll der Glaubende in seinem Glauben das verborgene Leidensantlitz, das sich der Welt geheimnisvoll eingeprägt hat, bewahren: bis er kommt in Herrlichkeit und sein „Zeichen groß aufsteiget".

Sankt Nepomuk und das Leuchten

Auf vielen alten Brücken, besonders in Süddeutschland, sieht man die steinerne Gestalt des hl. Johannes Nepomuk, des Brückenheiligen. Auf manchen Darstellungen legt er den Zeigefinger seiner rechten Hand auf den Mund. Johannes Nepomuk lebte im 14. Jahrhundert. Er war Priester, ein Mann von großer Gelehrsamkeit und in der Königsstadt Prag ein berühmter Prediger. Die Königin hatte sich ihn zu ihrem Beichtvater und Berater erwählt. Unerschrocken trat er, auch vor dem König, für die Rechte der Armen und Unterdrückten ein. Aber irgendwann hatte Johannes Nepomuk das tiefe Mißtrauen des Königs Wenzel erweckt. Der König war wegen seines Jähzornes und seiner Grausamkeit gefürchtet.

Die Überlieferung erzählt mit mancherlei legendenhaften Ausschmückungen: Eines Tages habe der König von Johannes Nepomuk wissen wollen, was die Königin ihm in der Beichte anvertraut habe. Der Priester aber wies auf das Beichtgeheimnis hin, das ihm jedes Wort über den Inhalt des Anvertrauten verbiete. In großer Wut wollte der König nun durch Folterungen von ihm den Bruch des Beichtgeheimnisses erzwingen, aber Johannes Nepomuk schwieg. Schließlich ließ der König den Gefolterten, an Händen und Füßen gefesselt, beim

Anbruch der Nacht von der Moldaubrücke in den Fluß werfen.

Und nun erzählt die Legende: An der Stelle, an der der Gefesselte in den Fluß geworfen worden war und mit dem Fluß abwärts trieb, begann ein heller Lichtschein aufzuleuchten und wie helleuchtende Sterne über dem fließenden Strom zu glänzen. Dieses Leuchten wurde so stark, daß die Menschen an der Moldau zusammenströmten und den zum Ufer treibenden Leichnam in feierlichem Zug in die Kirche trugen. Der König aber lief voller Entsetzen davon und versteckte sich.

Sankt Nepomuk und das Leuchten, so könnte man über diese Geschichte schreiben. Gewiß ist es eine legendenhafte Erzählung. Aber spricht sie nicht eine tiefe Erfahrung aus? Legenden sprechen Erfahrungen aus, die jeder in seinem Leben machen kann. Haben wir nicht schon die Erfahrung gemacht, daß nach dem Tod eines Menschen, der ein Zeuge der Wahrheit war, ein Leuchten von ihm ausgeht?

Es gibt viele berühmte Menschen, die Großes in ihrem Leben geleistet haben, die eine Schlacht gewonnen, eine große technische Entdeckung gemacht haben; vielleicht hat man ihnen ein Denkmal gesetzt. Aber geht in der Erinnerung von ihnen jenes helle und beglückende Leuchten aus, das wir spüren nach dem Tode eines vielleicht stillen und einfachen Menschen, der der ewigen Stimme der Wahrheit und der Liebe treu blieb?

Die Geschichte des hl. Johannes Nepomuk sagt, daß er für seine Treue zu Gottes Wahrheitsstimme in den Tod ging. Ein Mensch, der in der unbedingten Treue zur Stimme der Wahrheit und Liebe lebt und stirbt – er ist ein wahrhaft Großer. Ein Leuchten geht von ihm aus im Gedenken der Menschen.

IX

Worte erfahrenen Lebens

1

Kein anderer Gedanke als der,
wie es ginge, dem Tag etwas Gold
auszuwaschen. Ein Korn bloß

„Am Schluß ist das Leben nur eine Summe aus wenigen
Stunden, auf die man zulebte. Sie sind; alles andere ist
nur ein langes Warten gewesen." Das klingt nicht sehr
günstig für unseren gewöhnlichen Alltag. Ist es so, daß
im Grunde nur die großen Tage zählen – oder die wir für
groß halten –, und alle anderen Tage, die vielen gewöhnlichen Alltage sind nur graue Zwischenstrecken?

Das Wort ist von Erhart Kästner. Ein anderes Wort
von ihm gibt uns Antwort auf unsere Frage. Es bezog sich
auf einen Künstler, einen Maler, der an seinem Werk ar-
beitete, Tag für Tag: „Kein anderer Gedanke als der, wie
es ginge, dem Tag etwas Gold auszuwaschen. Ein Korn
bloß" (Erhart Kästner: Die Lerchenschule). Das Bild ist
genommen von den Goldwäschern. Sie sitzen am Fluß-
ufer, von morgens bis abends rinnt der Sand durch das
Sieb: vielleicht ist ein Goldstäubchen, ein Goldkörnchen
zu entdecken: „Kein anderer Gedanke als der, wie es
ginge, dem Tag etwas Gold auszuwaschen. Ein Korn
bloß."

Ich stelle mir vor, daß dieses Wort sehr verschieden
verstanden und gedeutet wird. Ein Künstler wird es anders verstehen als ein Kaufmann. Wie versteht es der Ge-
lähmte, der seit Jahren an sein Krankenlager gefesselt ist?
Wie versteht es eine achtzigjährige einsame Frau?

Was ist das, was wir aus dem Alltag, aus dem Fließsand, dem Treibsand der Zeit herauswaschen können? Heute? Etwas, das bleibt, etwas, das durchscheint durch das Gewöhnliche, Graue, Alltägliche? Etwas, das leuchtet? Ich glaube, daß es in jedem Tag darinsteckt.

Kürzlich sagte mir ein junger Mann, der ein schwermütiges Naturell hat: Ich muß erfinderisch sein, daß jeden Tag etwas da ist, worauf ich mich freuen kann, und sei es auch nur eine Winzigkeit, wie etwa das Hören einer Musik, der Anruf bei einem befreundeten Menschen – oder so etwas.

Da gibt es eine seltsame Erfahrung: Am ehesten kann im Treibsand der Tage und der Zeit ein Goldkörnchen durchschimmern, also etwas, das uns froh macht, etwas, das bleibt, das Bestand hat: wenn wir nicht etwas *haben* wollen oder festhalten wollen, sondern wenn wir uns selber einbringen, ja wenn wir uns selber loslassen.

„Kein anderer Gedanke als der, wie es ginge, dem Tag etwas Gold auszuwaschen. Ein Korn bloß." Wie versteht ein Christ dieses Wort? Ein Tag, an dem etwas Vertrauen, etwas Liebe durchgekommen ist – er bleibt, er ist nicht verloren, da schimmert Gold durch! Ein Tag, an dem etwas von Christus durchscheinen konnte, der bleibt, der ist nicht verloren, da schimmert Gold durch.

Der Schatz unter der Brücke

Da lebte vor hundert oder zweihundert Jahren in einem Dorf bei Krakau ein armer Jude, ein Flickschuster. Eisik, Sohn des Jekel, hieß er. Er hatte schon oft gebetet, Gott möchte doch endlich Erbarmen mit seiner Armut haben, aber er blieb arm.

Eines Nachts träumte er: Er sieht eine fremde große Stadt, oben die Königsburg, unten ein Fluß, eine Brücke. Und eine Stimme sagt ihm im Traum: Das ist Prag. Dort, unter der Brücke, am Ufer, ist ein Schatz vergraben. Geh hin, grab ihn aus, er gehört dir!

Als Eisik, Sohn des Jekel, erwachte, dachte er: Träume sind Schäume. Und er kümmerte sich nicht mehr darum. Aber in der nächsten Nacht hat er den gleichen Traum und in der dritten Nacht wieder. Da machte er sich auf den Weg.

Nach Wochen kommt er müde, ausgehungert in Prag an. Er sieht die Burg, den Fluß, die Brücke, die Stelle, wo der Schatz liegen soll ... Er denkt: es geht schon wieder los, ich träume schon wieder ... Aber diesmal war es kein Traum.

Nur: die Brücke ist von Soldaten bewacht. Eisik streift um die Stelle herum, wo der Schatz liegen soll, immer wieder, bis er auffällt und man ihn packt. Er wird vor den Hauptmann gebracht. Der schreit ihn an: Du bist ein Spion! In seiner Not erzählt Eisik dem Hauptmann alles, seine Armut – und seinen Traum. Da schlägt sich der Hauptmann vor Lachen auf seine Schenkel: Also, weißt du, wo ich heute sein müßte, wenn ich so dumm wäre wie du? Irgendwo in einem Dorf bei Krakau! Seit Wochen träume ich einen Traum: Geh nach Krakau, da ist in einem Dorf unter dem Herd eines Juden, Eisik, Sohn des Jekel, soll er heißen, ein Schatz vergraben. Geh hin, er gehört dir! Aber was denkst du: Träume sind Schäume! Bei Krakau gibt es viele Juden, die eine Hälfte heißt Eisik, die andere Jekel. Da hätte ich was zu tun, in all den Hütten den Herd wegzuräumen und nach einem Schatz zu graben, den es doch nur im Traum gibt! Du dummer Kerl, mach, daß du nach Hause kommst!

Und Eisik machte sich auf den Weg nach Hause, räumte den Herd in seiner Hütte weg und grub den Schatz aus. –

Ich erzählte die Geschichte einmal Kindern. Die fragten: Ist denn das wirklich wahr? Ja, das ist wirklich wahr! Was ist wahr? Da, wo du lebst, ist ein Schatz verborgen! In *deinem* eigenen Leben ist ein Schatz verborgen!

Vielleicht muß ich einen langen Erfahrungsweg gehen. Ich muß auf die Zeichen achten, die mir immerfort gegeben werden. Vielleicht sieht manches wie ein weiter Umweg aus – und rückschauend sehe ich: Es war kein Umweg. Vielleicht muß ich mir von einem anderen sagen lassen, wo der Schatz liegt ...

Die Geschichte sagt mir: Glaub es nur: Da, wo du lebst, ist ein Schatz verborgen. Er wird dir geschenkt. Glaub an ihn!

Baue, wenn die Stundenuhr rieselt

„Baue, wenn die Stundenuhr rieselt", so heißt eine Ge-
dichtzeile bei Nelly Sachs. Je länger ich mit diesem Wort
umgehe, um so mehr verwandelt es sich. „Baue, wenn
die Stundenuhr rieselt": Ist es nicht so, daß ein solches
Wort zuerst Unruhe hervorruft? Vielleicht auch Angst?
Wir kennen die Sanduhr. Wir sehen förmlich, wie die
Zeit rinnt: Tue, was du tun mußt, tu es jetzt! – scheint
uns die Stundenuhr zu drängen, die Zeit rinnt, vergeht,
unwiederbringlich …

„Baue, wenn die Stundenuhr rieselt." Das Wort will
uns drängen, aber darf es uns ängstigen? Mir kam in den
Sinn, dieses Wort in den Zusammenhang zu bringen mit
dem letzten Wort, das uns im Neuen Testament von
Christus gesagt wird. Das letzte Wort, das in der Bibel
Christus, der Lebendige, zu uns spricht, steht am Ende
der Geheimen Offenbarung. Dieses letzte Christuswort
heißt: „Bald!" – „Ja, ich komme bald!"

Manchem könnte auch dieses Wort wie eine Drohung
vorkommen: „Ja, ich komme bald!" Aber dann wäre es
ganz und gar mißverstanden. Wie es gemeint ist, erkennen wir an der Antwort, die die Angesprochenen geben,
die Glaubenden, sie sagen: „Amen, komm, Herr Jesus!"
Sie haben nur die eine Bitte: „Komm!"

„Ja, ich komme bald!" Dieses „bald" ist mehr als ein

Hinweis auf die Kürze der Zeit. Es ist die ganze *Intensität* seiner Zuwendung, seiner Nähe! Dieses „Ja, ich komme bald" hat eine Verwandtschaft mit dem anderen Christuswort der Geheimen Offenbarung: „Siehe, ich stehe vor der Tür und klopfe an. Wenn jemand meine Stimme hört und die Tür mir auftut, zu dem will ich eintreten und Mahl mit ihm halten er mit mir." Nur eine Tür, nur eine ganz dünne Wand trennt uns noch von ihm – „bald" wird er eintreten, „bald" … So wie ein Liebender mit allen Sinnen seines Herzens hingewandt ist zu der ersehnten Begegnung.

Wenn wir das Wort der Dichterin hören: „Baue, wenn die Stundenuhr rieselt", dann mag es zuerst ein bedrängendes und bedrückendes Wort sein. Wenn wir dann aber hinfinden zu dem letzten Wort Christi, des Lebendigen – ob dann nicht in uns die Erkenntnis des Glaubens wachsen kann: Diese große letzte Zusage: „Ja, ich komme bald!" öffnet rings um mein Leben einen hellen weiten Horizont! Die Erkenntnis: ich habe in *jeder* Stunde meines Lebens, mag sie auch noch so gewöhnlich und alltäglich sein, die Möglichkeit, Ausblick zu halten auf diesen lichten Horizont der Ewigkeit. Auf den, der auf mich zukommt, der meine Zu-kunft ist.

4

Nichts ist schwer, sind wir nur leicht

In einem kleinen Buch fand ich folgende Zeilen: „In frühen Jahren begegnete mir bei Richard Dehmel ein Vers, der mich lange begleitet hat: ‚Nichts ist schwer, sind wir nur leicht' ... Ich nahm das Wort an mich und legte hinein, was ich darin finden wollte" (Friedrich Michael, Von der Gelassenheit).

„Nichts ist schwer, sind wir nur leicht." Mir will scheinen, daß dieses Wort aus tiefer Erfahrung kommt. Läßt man sich wirklich darauf ein, kann es eine wunderbar hilfreiche „Lebensregel" werden.

„Nichts ist schwer, sind wir nur leicht." Was ist dieses „leicht"? Es kann sicher nicht heißen: leichtfüßig, leichtfertig oder gar leichtsinnig. Mit vielerlei Worten könnte man es zu übersetzen versuchen: Nichts ist schwer, sind wir nur frei, von innen her gelockert, gelöst, gelassen, durchlässig ...

Chesterton hat diese Erfahrung einmal in diese Verse gebracht: „Ein Vogel ist behende, weil er weich ist. Ein Stein ist hilflos, weil er hart ist. In vollkommener Kraft liegt eine Leichtigkeit, eine Schwerelosigkeit, die sich in der Luft zu halten vermag. Engel können fliegen, weil sie sich leicht nehmen. Das war immer das Empfinden des Christentums ... Es ist leicht, schwer zu sein; schwer, leicht zu sein. Satan fiel zufolge seiner Schwere."

Als Petrus für einen Augenblick – im Blick auf den Herrn – ganz vertraute, war er so leicht, daß er über das Wasser gehen konnte!

Josef Pieper schreibt in seinen Lebenserinnerungen von seinem Verleger Jakob Hegner: „Würde man mich fragen, was mir an dem Menschen Jakob Hegner das wahrhaft Charakteristische und zugleich Bewundernswerte zu sein scheint, dann würde ich sagen: die gänzlich unverbitterte Leichtigkeit des Herzens! Sie aber muß wohl, denke ich, etwas zu tun gehabt haben mit einem unendlichen Vertrauen, mit einer universalen Bejahung."

Dieses „Nichts ist schwer, sind wir nur leicht" ist auch die verborgene Lehre einer chassidischen Geschichte: „In der Gemeinde Rabbi Levi Jizchaks war ein Vorbeter heiser geworden. Er fragte ihn: ‚Wie kommt es, daß Ihr heiser seid?' ‚Das ist', antwortete er, ‚weil ich vor dem Pult gebetet habe.' ‚Ganz recht', sagte der Rabbi, ‚wenn man vor dem Pult betet, wird man heiser; aber wenn man vor dem lebendigen Gott betet, wird man nicht heiser.'"

So ist wohl deutlich geworden, was mit diesem „leicht" gemeint ist: nicht leichtfertig, sondern gelöst, gelassen, durchlässig, vertrauend! Ein Gehaltensein von innen her, aus einer Mitte, die wir nicht gemacht haben, sondern die als Geschenk in uns gelegt ist, die wir nur zulassen können.

„Nichts ist schwer, sind wir nur leicht": Johannes XXIII. schreibt es so: „Alles wird leicht, wenn wir uns ganz von uns selber trennen." Wenn wir uns ganz lassen, loslassen (von allem Sichfesthalten, Absichern) in den hinein, der uns ganz trägt und bejaht. Wenn wir unseren Schwerpunkt in Gott haben.

Leben aus der Mitte

Da lese ich: „Jener Arzt aus Hongkong erklärte meinem Bekannten beiläufig, was man Gesundheit nenne, sei so viel wie Bewegung aus dem eigenen Schwerpunkt, also mühelose Bewegung. Wenn dieser Schwerpunkt aus dem Zentrum verschoben sei, würden die an sich leichtesten Bewegungen beschwerlich, man lebe nicht aus der Mitte seiner Kraft, sondern gegen sie, dadurch würde die Kraft zur Gewalt, führe also zu Reibung und Schmerz. Wir säßen sozusagen abgewandt von unseren Bedürfnissen, und so überanstrenge uns ihre Erfüllung. Diese Überanstrengung, diesen exzentrischen Schwerpunkt nenne er Krankheit, und wer sie dadurch beheben wolle, daß er sich um das eine oder andere schmerzhafte Glied kürzer mache, der sei am Ende nicht geheilt, sondern verstümmelt" (Adolf Muschg, Literatur als Therapie? edition suhrkamp, S. 183).

Ist das asiatische Erfahrungsweisheit? Ja, wenn man das doch immer mehr einüben könnte: aus der Mitte seiner Kraft zu leben!

„Bewegung aus dem eigenen Schwerpunkt" – was ist das? Ist es das, was in Japan mit „Hara" gemeint ist – das Gewinnen und Festigen des Schwerpunktes im Bauch-Becken-Raum (K. Dürckheim)? Das Gehen und Handeln aus der Verankerung in der Leibesmitte? Es ist mehr als eine organisch-leibliche Übung. Die leibliche Gebärde, in der im Gelassenheits-Atem das Gehaltensein in der Leibesmitte gesucht wird, muß eins sein mit der Gelassenheit der Seele. Wohin aber soll sich denn die Seele lassen?

Mir kam jener uralte Bericht der Bibel in den Sinn, wo von dem ersten Glaubenden, Abraham, gesagt wird, wie er seinen Weg geht auf Geheiß Gottes. Aber da kommt Angst in ihm auf und Zweifel, ob sein Leben gelingt, und Gott spricht zu ihm: „Fürchte dich nicht, Abraham, ich bin dein Schild; dein Lohn wird sehr groß sein." Wie ein lebendiger Schild will Gott sich um ihn stellen auf seinem Weg. Und da geschieht es, daß Abraham die große Antwort gibt: er macht sich fest in Gott, so sagt es wörtlich die Bibel. Er verankert sich in *der* Mitte, die mit Gott eins ist, er geht seinen Weg in der Kraft dieser Mitte. Der „eigene Schwerpunkt" entsteht in ihm, indem er sich *im Vertrauen* fallen läßt in Gott hinein.

Es wird wohl so sein, daß die leibliche Übung, die jener asiatische Arzt anriet, die Bewegung aus dem eigenen Schwerpunkt, eine Vorbereitung ist für das vertrauende Sichfallenlassen in die Gottesmitte hinein und daß umgekehrt das vertrauende Sichfallenlassen in Gott die leibliche Gebärde der mittehaften Bewegung ermöglicht – ein wechselseitiges Sichdurchdringen.

Ob es noch eine Weisung gibt, die dies alles übersteigt? Vielleicht ist sie mit dem einzigen Wort gegeben: Liebe!

Ich bin die Herrlichkeit Gottes

In seinem geistlichen Tagebuch mit dem Titel „Ich hörte auf die Stille" (H. Nouwen) berichtet der Verfasser davon, wie er sieben Monate in einem Trappistenkloster als Gast verbracht hat. Die Trappisten sind eine der strengsten Ordensgemeinschaften der katholischen Kirche. In der ersten Zeit seines Aufenthaltes suchte er nach einem geistlichen Leitwort, einem Gebetswort, das ihn in diesen sieben Monaten des Mitlebens mit den Mönchen begleiten könnte. Der Abt des Klosters, den er um Rat fragte, gab ihm ein seltsames Meditationswort, er sagte ihm: „Machen Sie zum Mittelpunkt Ihres Meditierens das Wort: Ich bin die Herrlichkeit Gottes."

Welch ein seltsames, ja befremdliches Wort! Zögere ich nicht, es zu meditieren?

Das Wort Herrlichkeit ist ein Grundwort der Bibel. Es bedeutet im Alten Testament die Ausstrahlung Gottes, die unfaßbare, wunderbare, verborgene, lebendige Ausstrahlung Gottes. Und nun geschieht durch Christus etwas Unerhörtes. Die Herrlichkeit Gottes, die lebendige Ausstrahlung Gottes, kommt uns durch Christus in unerhörter Weise nahe! So nahe, daß Jesus Christus im Johannesevangelium ausdrücklich sagt: „Vater, ich habe ihnen die Herrlichkeit gegeben, die du mir gegeben hast" (Joh 17,22).

Seit Gott Mensch geworden ist, liegt um jeden Menschen ein verborgener Glanz. Jeden Menschen umspielt die Herrlichkeit Gottes. Jeden Menschen umspielt das Liebeswerben Gottes.

Wenn ich das glauben kann, kann das mein Verhältnis zu den Menschen grundlegend verändern.

Ein Heiliger der Ostkirche, Seraphim von Sarow, begrüßte jeden seiner Besucher: „Du meine Freude!" Seine erleuchteten Glaubensaugen sahen den verborgenen Glanz, der das Antlitz jedes Menschen umspielt: die Herrlichkeit Gottes!

Als der Abt in dem Trappistenkloster seinem Gast das Wort gab: „Ich bin die Herrlichkeit Gottes", fügte er erklärend hinzu: „Sie sind der Ort, den Gott sich zur Wohnung erwählt hat, und das geistliche Leben besteht in nicht mehr und nicht weniger als in dem Versuch, ihm den Raum zu schaffen, in welchem sich seine Herrlichkeit offenbaren kann."

Der so Angesprochene hat versucht, sich darauf einzulassen. Einen Monat später schreibt er in seinem Tagebuch: „Ich habe die ungeheuer große Freude, ein Mensch zu sein, einer Gattung von Lebewesen anzugehören, in der Gott selbst Fleisch geworden ist. Zwar könnten mich die Schmerzen und Absurditäten, denen wir Menschen ausgesetzt sind, überwältigen, aber jetzt erkenne ich deutlich, was wir in Wirklichkeit alle sind. Könnte doch nur jeder das erkennen! Aber man kann es nicht erklären. Es gibt einfach keine Möglichkeit, den Menschen zu sagen, daß sie alle berufen sind, wie strahlende Sonnen durch die Welt zu laufen."

X

Worte, die aus der Nacht kommen

1

Rette mich, Herr, mit deiner Hand vor den
Männern,
die im Leben schon alles haben

Psalm 17,14

Da bin ich auf ein Gebetswort gestoßen, ein paar Zeilen nur, vor zweieinhalbtausend Jahren gebetet, und mir kommt es vor, als sei es für heute geschrieben, ja als sei es erst heute in unseren Tagen richtig gültig geworden!

Das Gebet heißt: „Rette mich, Herr, mit deiner Hand vor den Männern, die im Leben schon alles haben!" Es steht im Psalm 17. In der nächsten Zeile geht es dann weiter: „Ihren Leib füllst du mit Gütern, ihre Söhne werden auch noch satt und hinterlassen den Enkeln, was übrigbleibt."

„Rette mich, Herr, mit deiner Hand vor den Männern, die im Leben schon alles haben." Ich spreche dieses Wort und denke: So ist es doch heute: „alles haben", alles ist zu haben – „ihren Leib füllst du mit Gütern": Überfülle von Gütern – „... und hinterlassen den Enkeln, was übrigbleibt." – Ja, was wird schon den Enkeln übrigbleiben auf der ausgebeuteten Erde?

Auf einmal erschrecke ich: Gehöre ich denn nicht selbst dazu, zu den Männern, die im Leben schon alles haben? Ist das denn nicht auch in mir: das Haben, das Festhalten, das Ansichreißen, das Sichsättigen mit dem, was man haben kann? Und auf einmal ist dieses Wort *meine* Bitte, *mein* Bittruf geworden: Rette mich, Herr, vor mir selber! Vor dem Menschen in mir, der satt geworden ist im Schon-alles-Haben. Rette mich vor der angeberischen Welt in mir, die *vor*gibt, sie könne *her*geben, was ich zum Leben, zum wahren Leben brauche!

Rette mich, Herr, vor dem Menschen in mir, der den Hunger nicht mehr kennt, den Hunger, den das nicht stillen kann, was zu haben ist, was zu machen ist. Rette mich, Herr, vor dem Menschen in mir, der sich nicht mehr ausstreckt, der nicht mehr im Tiefsten seiner Seele arm ist. Wie ein Hilferuf in Lebensgefahr ist das: Rette mich, Herr, vor dem Haben!

Der Mann, der zum ersten Mal diesen Psalm gebetet hat, vor mehr als zweieinhalbtausend Jahren, dieser Mann muß ein Liebender gewesen sein. Denn nachdem er diesen Bittruf gebetet hat: „Rette mich, Herr, mit deiner Hand vor den Männern, die im Leben schon alles haben. Ihren Leib füllst du mit Gütern, ihre Söhne werden auch noch satt" – nachdem er so gesprochen hat, schließt er sein Gebet mit einem Satz, den, so meine ich, nur ein Liebender beten konnte: „*Ich* aber will dein Angesicht schauen, satt mich sehen an deiner Gestalt beim Erwachen."

Sein Herz, nicht angefüllt mit Sachen, die man haben kann, geht auf das Einzige, was das Herz sättigen kann: auf das Du! Das Antlitz! Sein Du! Sein Antlitz!

Das Fenster nach Jerusalem

Ein junger Mann wird als Gefangener in das Land des Siegers verschleppt. Da er von ungewöhnlicher Begabung ist und aus edlem Geschlecht stammt, muß er Dienst am Königshof des fremden Landes tun. Im Laufe der Jahre steigt er zu hohen Ehren auf. Bald sind die Neider da. Sie hecken einen Plan aus, der Daniel – so heißt der junge Mann, von dem uns die Bibel berichtet – in höchste Lebensgefahr bringt. Daniel spürt die tödliche Gefahr. Da heißt es in dem Bericht der Bibel: „Daniel ging in sein Haus. In seinem Obergemach waren Fensteröffnungen nach Jerusalem hin. Dort kniete er dreimal am Tage nieder und richtete sein Gebet und seinen Lobpreis an seinen Gott, ganz so, wie er es gewohnt war" (Dan 6, 11).

Während die Häscher schon sein Haus lauernd umschleichen, tut Daniel das, was er als gläubiger Jude in dem fremden Land heidnischer Gottheiten Tag für Tag durchgehalten hat. Er sucht die Richtung nach Jerusalem, das nicht nur seine Heimat ist, sondern das für ihn der Ort des einen, wahren, lebendigen Gottes ist.

In seinem Obergemach sind die Fenster nach Jerusalem hin, da kniet er dreimal am Tag und spricht die Preisung Gottes. Die Fremde, in der er lebt, will ihn seinem Glauben und sich selbst entfremden, aber er sucht Tag für Tag den Ort seiner Verwurzelung, wo er sich gehalten weiß, wo seine wahre Beheimatung ist: den Ort seiner Lebenskraft, den Ort seines Vertrauens.

Er kann Jerusalem, den Ort seiner Verankerung, nicht sehen, aber er sucht durch das offene Fenster die Richtung und weiß, daß Jerusalem da ist, die Stadt des lebendigen Gottes: dahin Bitte und Preisung zu richten, hat er Tag für Tag so geübt, daß auch in der Stunde der tödlichen Gefahr, die sein Haus umschleicht, die Gelassenheit da ist, gerade jetzt zu tun, wie er es gewohnt war. –

Wir leben in unserer säkularisierten, technisierten Welt wie in einer Fremde, umgeben von der tödlichen Gefahr, uns selber zu verlieren; umgeben von einer Lebensbedrohung, die uns im tiefsten ortlos, heimatlos, sinnlos machen will. Die Gefahr, die sich geschickt zu tarnen weiß, umschleicht lauernd unser aller Lebenshaus.

Und da das Fenster nach Jerusalem! Ausschau halten auf das hin, wovon wir *eigentlich* leben! Das offene Fenster: das Leben durchsichtig machen auf unsere wahre Beheimatung hin.

All ihr Tränen, preist den Herrn

So hatte ich ihn in Erinnerung, den fast Achtzigjährigen: eine zarte Gestalt, das Gesicht und die Hände von Vergeistigung wie durchsichtig geworden. Er war seit Jahren blind. Nur unter Schmerzen konnte er sich bewegen. Nach seinem Tod fand man die Bitte: das Wort für seinen Totenzettel, der beim Begräbnis verteilt wird, solle heißen: „Benedicite omnes lacrimae dominum – All ihr Tränen, preist den Herrn!"

Er hat seine Bibel gut gekannt. Wie oft hatte er in ihr das Preislied gelesen, in dem es heißt:

Preist, Sonne und Mond, den Herrn.
Preist, ihr Nächte und Tage, den Herrn.
Preist, ihr Meere und Flüsse, den Herrn.
Preist, ihr Menschenkinder, den Herrn ...

Aber die Tränen sind nicht darunter in diesem Preislied. Die fügte er hinzu: „All ihr Tränen, preist den Herrn!"

Das Wort, von seinem Leben her glaubwürdig geworden, erinnert mich an eine Erfahrung, die mancher Glaubende wohl schon gemacht hat, die auch der kaum noch Glaubende oder nicht mehr Glaubende machen kann. Eine seltsame, ungereimte Erfahrung.

Ich möchte diese Erfahrung beschreiben, wie sie mir jemand mitteilte, der sie selber gemacht hat. Er ist Journalist, gefordert von einem harten Arbeitstag. Er sagte: Mein Glaube und meine Glaubenspraxis waren immer mehr an den Rand gedrängt worden. Manche Verbitterung war da. Es gab keine Zeit und bald auch keine innere Bereitschaft mehr zur Besinnung, geschweige denn zum Beten. Da bekamen wir unser erstes Kind. Unsere Freude war unbeschreiblich. In dieser Freude kam spontan in mir ein Danken zu Gott hin auf, immer wieder. Bald fragte ich mich: Warum tust du das nur jetzt? Warum tust du es nicht sonst auch? Von dem Tag an begann ich öfter, wenn es mir einfiel, in den Ereignissen und Erlebnissen, ein Wort der Lobpreisung zu Gott hin zu sagen, nicht eigentlich in einem formulierten Wort, sondern in einer Art innerer Bewegung, die etwa bedeutet: Gott, ich danke dir! Gott, du bist gut!

Seitdem ich es tue, hat sich mein Leben verwandelt. Manchmal schon kommt mir das innere Wort der Preisung zu Gott hin in den Sinn bei einem Ereignis, das nichts als Last und Sorge ist. Ich habe den Eindruck, daß mein Vertrauen gewachsen ist, daß ich gelernt habe, durch den Vordergrund der Ereignisse hindurch einen Hintergrund zu ahnen, der mir dieses Vertrauen auf eine geheimnisvolle Weise zuspricht. –

Ob das ein Weg für uns sein kann? Auf die kleinen Zeichen achten, die immer wieder gegeben werden, *und dafür danken!* Eine bereitwillige Aufmerksamkeit und in ihr ein inneres Wort der Danksagung, der Lobpreisung zu Gott hin!

Dieses Übersteigen unser selbst – vielleicht öffnet es vor uns ein freies Feld, indem wir etwas ahnen von dem, was das Wort von Charles de Foucauld meint: „Wie werde ich daran froh, daß Gott Gott ist!"

4

Er wird abwischen jede Träne

Offenbarung 21, 4

Ich sah auf einem Bahnsteig einen Greis auf die Ankunft eines Zuges warten, er trug ein paar kleine Blumen in seiner Hand. Als der Zug eingelaufen war und der Strom der Menschen an ihm vorbeiging, suchten seine Augen hierhin und dorthin. Den er erwartete, war nicht gekommen. Der alte Mann blieb immer noch wartend stehen, als könne er die tiefe Enttäuschung nicht glauben. Dann ging er langsam die Treppe hinunter, sein Mund bewegte sich wie sprechend, von seinen Augen liefen die Tränen. Es war niemand da, der mit ihm sprach.

Für einen Augenblick durchfuhr es mich mit Erschrekken: Was ich da sah – war das ein Bild für das, wie es mit dem Menschen überhaupt ist? Wird es zuletzt mit uns allen so sein? Läuft unser Dasein mit all seinen Erwartungen und Hoffnungen zuletzt auf eine einzige Enttäuschung hin?

Die Dichterin Marie Luise Kaschnitz fragt in einem Gedicht:

Wie sie uns drüben empfangen
Wenn
Sie uns empfangen?
Ob es das gibt
Ein Du?

Auf den letzten Seiten der Bibel steht das Wort: „Siehe da, die Hütte Gottes unter den Menschen, er wird mit ihnen wohnen, und sie werden sein Volk sein, und er wird Gott mit ihnen sein. Und er wird abwischen jede Träne aus ihren Augen" (Offb 21, 3–4). Das Ganze der Offenbarung, das Ganze der Geschichte Gottes mit den Menschen mündet in dieses Wort: „Siehe da, die Hütte Gottes unter den Menschen." Gott wohnt in der Menschenwelt. Dahin mündet der Weg Gottes: bei den Menschen, unter den Menschen. *So* wird das Letzte gesagt in diesem Bildwort: Nähe! Verbundenheit! Keine Verlassenheit, kein Alleingelassensein mehr. „Er wird mit ihnen sein, er wird abwischen jede Träne."

Die Verheißung beginnt mit dem Wort „Seht!" „Seht, die Wohnung Gottes unter den Menschen!" Ist schon etwas davon zu sehen? Alles sammelt sich in dem einen Menschensohn, der unter uns gelebt hat, der verborgen unter uns lebt: menschliche Nähe Gottes.

Aber auch überall da, wo Menschen etwas ermöglichen an Geborgenheit, an Beheimatung, an Friede; wo Menschen etwas schenken an Angenommensein, an Zuwendung, an Begegnung; wo Menschen Tränen abwischen ...: Da ist etwas von diesem „Seht!" Da beginnt die Verheißung von der Nähe Gottes unter den Menschen ihre Glaubwürdigkeit zu bekommen – ein Schimmer der künftigen Erfüllung fällt auf unsere Erde.

Die Tür

Offenbarung 3, 8

Im Januar 1945 wurde ich eines Nachts von einem Offizier einer deutschen Strafkompanie benachrichtigt, daß ich zur Verfügung stehen müsse, wenn ein zum Tode verurteilter Soldat vor seiner Hinrichtung einen Pfarrer wünsche. Der wegen „Fahnenflucht" verurteilte Soldat war achtzehn Jahre alt. Gegen 6 Uhr in der Frühe wurde ihm das Urteil gesprochen, zwei Stunden später, im Morgengrauen, sollte das Urteil vollstreckt werden. Nun saß ich mit ihm in der Stube eines verlassenen Bauernhauses zusammen. Seine Hände waren gefesselt, draußen vor der Tür und vor dem Fenster stand je ein Soldat mit seiner Maschinenpistole. Nach dem furchtbaren Schweigen der ersten Minuten – gerade hatte ihn das nie erwartete Todesurteil getroffen – war seine erste Frage: „Gibt es keinen Ausweg mehr?"

Nein, es gab keinen Ausweg mehr. Zwei Stunden später war in einer Sandgrube die Erschießung, zu der die ganze Kompanie „zur Abschreckung" antreten mußte. Ich blieb neben dem Verurteilten stehen, als er an einen Pfahl angebunden wurde, und verließ ihn, als das erste Kommando erklang, mit einem Wort letzter Hoffnung.

„Gibt es keinen Ausweg mehr?" An diese Frage des Achtzehnjährigen denke ich, wenn ich das Wort in der Geheimen Offenbarung lese: „Ich habe vor dir eine Tür

aufgetan, die niemand mehr schließen kann" (Offb 3, 8).
Der dieses Wort spricht, ist selber vor die dunkle Todes-
wand gekommen: „Gott, mein Gott, warum hast du
mich verlassen?" Aber er ist es auch, der in unerhörter
Weise die offene Tür erfahren hat: die Auferstehung, *das*
Leben! Kein anderer kann uns dieses Wort zusprechen:
„Ich habe dir eine Tür aufgetan, die niemand mehr
schließen kann", die Tür in die bleibende Freiheit, in *das*
Leben! –

Wir leben nicht oft in solch sich verdichtenden Le-
bensstunden, in denen dieses Wort für unseren Glauben
seine letzte, äußerste Verheißungskraft gewinnt. Wir leben im Alltag. Aber auch auf diesen Alltag sollte ein
Schimmer fallen von dem Licht dieses Wortes.

Vielleicht bürdet der Tag uns eine Last auf, von der
wir nicht wissen, wie wir sie bis zum Abend durchtragen
können. Wie aber, wenn es nicht nur dieser Tag ist, sondern wenn wir überhaupt keinen Ausweg mehr sehen
aus der Sorge und Not des Lebens? Manchmal erfahren
wir, wie ein letztes, kaum noch vom Bewußtsein erkenn-
bares Daseinsvertrauen uns trotz allem die Kraft gibt
weiterzugehen. Dieses Daseinsvertrauen ist keine Selbst-
täuschung. Es gründet nicht nur in etwas, das in uns selber ist. Von vorne, von unserer eigentlichen Zukunft
her kommt unserem Weg dieses Wort entgegen, das der
glaubwürdigste Zeuge uns sagt: „Ich habe dir eine Tür
aufgetan, die niemand mehr schließen kann."

Als der Morgen dämmerte,
stand Jesus am Ufer
Johannes 21, 4

Wenn es ein Buch gäbe mit dem Titel: „Die großen Fragen der Menschheit", dann würden gewiß in diesem Buch an erster Stelle die Fragen stehen: Wohin gehen wir? Worauf geht alles zu? Gibt es einen Sinn? Gibt es ein Ziel? Was ist das Ziel?

In einem Buch, in dem zu diesen Fragen Stimmen aus dem heidnischen Altertum gesammelt sind, las ich das Wort des Kaisers und Philosophen Marc Aurel: „Was heißt das alles? Du stiegst in den Kahn, du machtest deine Fahrt, du landetest: Steig aus!"

Es ist das Bild vom Lebensschiff. Im Altertum hatten die Menschen die Vorstellung, daß man nach dem Tode in der Unterwelt mit einem Kahn über einen Strom setzen würde. „Was heißt das alles? Du stiegst in den Kahn, du machtest deine Fahrt, du landetest: Steig aus!"

Und was kam dann? Wer konnte es wissen! Nebel, Schattenreich, Dunkelheit.

Das Wort Marc Aurels kommt aus der Frage: Wohin gehen wir? „Was heißt das alles?", so fragt er. Aber die Antwort, die er gibt, ist keine Antwort: „Du stiegst in den Kahn, du machtest deine Fahrt, du landetest: Steig aus!"

Als ich das Wort las, kam mir ein anderes Bild in den Sinn. Auch da ist das Boot, das auf das Ufer zutreibt. Das

Bild steht im letzten Kapitel des Johannesevangeliums. Auch hier geht es um die Frage: Hat alles einen Sinn? Erfüllt sich unser Leben?

Das Boot der Jünger treibt dem Ufer zu. Eine ganze lange Nacht ist vergangen, die Netze sind leer geblieben. Und da steht der Satz: „Als der Morgen dämmerte, stand Jesus am Ufer." Noch einmal werfen sie, auf sein Wort hin, die Netze aus – und sie füllen sich schwer. „Kommt, laßt uns das Mahl halten", so lädt er sie ein. So ist er mit ihnen verbunden. Und nach dem Mahl fragt er den einen: „Simon, liebst du mich?"

Der Philosoph des Altertums sagt: „Was heißt das alles? Du stiegst in den Kahn, du machtest deine Fahrt, du landetest: Steig aus!" Und was kommt dann? Wer kann es wissen! Nebel, Schattenreich, Dunkel? Das Evangelium sagt: „Als der Morgen dämmerte, stand Jesus am Ufer." Es geht auf den österlichen Morgen zu, auf den neuen Tag: es geht auf ein Du zu! Das Mahl und die Frage: „Liebst du mich?" Es geht auf Verbundenheit zu, auf das Wort der Liebe! „Liebst du mich, mehr als diese?"

Die Nacht lag zurück, die leergebliebenen Netze: ein Leben wie ohne Sinn. Und dann: „Als der Morgen dämmerte, stand Jesus am Ufer." Und: „Werft das Netz aus, so werdet ihr finden!" – Sinn, der von ihm her kommt, da, wo bei uns nichts mehr zu erwarten ist.

Einer wartet auf uns! „Als der Morgen dämmerte, stand Jesus am Ufer." Wenn wir das glauben können, dann kann jeder Tag ein kleiner Schritt sein hin auf einen letzten Sinn, auf die Erfüllung zu. Und die ist Er!

XI

Worte, die hoffen lassen

Mensch, wo bist du?

Die erste Frage Gottes in der Bibel heißt: „Adam,
Mensch, wo bist du?" –

Eine rabbinische Geschichte erzählt: „Als Rabbi
Schneur Salman in Petersburg gefangen saß, weil er von
Gegnern verleumdet worden war, und dem Verhör ent-
gegensah, kam der Oberst der Gendarmerie in seine
Zelle. Das mächtige und stille Antlitz des Gefangenen,
der ihn zuerst, in sich versunken, nicht bemerkte, ließ
den Obersten ahnen, welcher Art sein Gefangener war.
Er kam mit ihm ins Gespräch und brachte bald manche
Frage vor, die ihm beim Lesen der Bibel aufgetaucht
war. „Wie ist es zu verstehen, daß Gott, der Allwis-
sende, zu Adam spricht: Wo bist du?" – „Glaubt Ihr
daran", entgegnete der Rabbi, „daß die Schrift lebendig
ist und jede Zeit, jedes Geschlecht und jeder Mensch in
ihr beschlossen sind?" – „Ich glaube daran." – „Nun
wohl", sagte der Rabbi, „in jeder Zeit ruft Gott jeden
Menschen an: Wo bist du in deiner Welt? So viele Jahre
und Tage von den dir zugemessenen sind vergangen –
wohin bist du derweilen in deiner Welt gekommen? So
etwa spricht Gott: Sechsundvierzig Jahre hast du gelebt,
wo stehst du?"

Als der Oberst die Zahl seiner Lebensjahre nennen
hörte, raffte er sich zusammen, legte dem Rabbi die

Hand auf die Schulter und rief: „Bravo!" Aber sein Herz flatterte! –

Die erste Frage Gottes verstummt nie mehr. Immer wieder verstecke ich mich, verliere ich mich, fliehe ich, zerstreue ich mich – es gibt so viele Weisen, sich zu verstecken. Und immer wieder ist seine Frage da: Wo bist du?

Er will mich zurückrufen unter sein Antlitz. Daß ich wieder da bin, wahrhaftig bin mit meinem Leben, Antwort gebe, mich stelle ...

Ich setze meinen Namen ein, da, wo Adam steht, und ich bin betroffen!

Wenn ich mich Gott stelle mit meinem Leben, bete ich; und wenn ich bete, stelle ich mich Gott. Wer betet, hört auf zu fliehen; wer betet, hört auf, sich zu verstecken.

Kann ich mich Gott stellen? Kann mein Leben, so wie es jetzt ist, wie es geworden ist, vor ihm bestehen? Mein Leben muß nicht ganz sein, um vor ihm bestehen zu können. Es wird ganz, indem ich mich ihm stelle. Mag es noch so zerbrochen, halb, verschuldet sein: wenn ich nur vor sein Antlitz komme – er nimmt mich an. Und indem er mich annimmt, wird mein Leben ganz!

2

Gott, wo bist du?

Die erste Frage, die Gott in der Bibel stellt, heißt: „Adam, Mensch, wo bist du?" Der Mensch versteckt sich vor Gott, und Gott ruft ihn an mit dieser Frage: Mensch, wo bist du?

Aber haben wir nicht unsere Gegenfrage an Gott: Gott, wo bist du? Versteckt sich Gott nicht auch vor uns? „Du bist ein Gott, der sich verbirgt", sagt der Prophet Jesaja (45, 15).

Und offenbar will Gott, daß wir ihn suchen, daß wir diese Frage haben: Gott, wo bist du? Eine jüdische Geschichte erzählt: „Rabbi Baruchs Enkel, der Knabe Jechiel, spielte einst mit einem anderen Knaben Verstekken. Er verbarg sich und wartete, daß ihn sein Gefährte suche. Als er lange gewartet hatte, kam er aus dem Versteck; aber der andere war nirgends zu sehen. Nun merkte Jechiel, daß jener ihn von Anfang an nicht gesucht hatte. Weinend kam er in die Stube seines Großvaters gelaufen und beklagte sich über den bösen Spielgefährten. Da flossen Rabbi Baruch die Augen über, und er sagte: So spricht Gott: Ich verberge mich, aber keiner will mich suchen ..."

Ich bin überzeugt: Für jeden Menschen ist es anders, dieses Sichverbergen Gottes, dieses „Versteckenspiel" Gottes. Und so muß jeder Mensch sich immer wieder neu aufmachen und suchen, wo Gott sich in seinem Leben verbirgt. Gott, wo bist du in *meinem* Leben?

Oft sucht sich Gott in unserem Leben sonderbare Verstecke aus; da, wo wir ihn wirklich nicht vermuten würden: eine Krankheit, eine Verlassenheit, die schmerzliche Erfahrung unserer Grenze, der graue Alltag, die Last eines Menschen ...; eine Entscheidung, eine Begegnung, eine Sehnsucht ...

Er versteckt sich, und wir sind eingeladen, ihn zu suchen. Wo er sich versteckt, ist er nahe! Wenn ich *anfange*, nach ihm zu suchen, gibt er mir Zeichen, flüchtige, für einen Augenblick aufscheinende; verrät er sich für einen winzigen Augenblick – fast wie Kinder es tun beim Versteckenspiel –, selbst wenn er sich dann noch tiefer versteckt.

Die Zeichen, die er uns gibt, wenn wir uns darauf einlassen, ihn zu suchen, da, wo er sich in unserem Leben verbirgt, diese Zeichen – wie sehen sie aus? Ich weiß es nicht; aber ich glaube, daß sie etwas zu tun haben mit einer Art Frieden, der in uns aufkommt in dem Augenblick, wo wir uns auf sie einlassen.

Welch ein Abenteuer, das Versteck Gottes in unserem Leben immer wieder aufzuspüren!

Augustinus betet – sind es nicht Worte wie vom Fangen und Versteckenspiel? –: „Herr, mein Gott, nachlaufen will ich hinter deiner Stimme und dich fassen. Verbirg dein Angesicht nicht vor mir."

Die gute Erinnerung als Hilfe zur Hoffnung

In einem Gesprächskreis wurde der Vorschlag gemacht, jeder möchte doch aus seiner Erfahrung mitteilen, was ihm als „Lebenslehre", als „Lebensregel" besonders wichtig und hilfreich geworden sei. Da äußerte einer der Teilnehmer: Jeder von uns kennt Zeiten in seinem Leben, in denen es schwer wird durchzuhalten. Krankheiten, berufliche Fehlschläge, Sorgen in der Familie, Enttäuschungen mit Menschen, Depressionen –, jeder weiß dieser Kette ein Glied hinzuzufügen. In solchen Zeiten nicht zu resignieren, sich nicht erdrücken zu lassen – ich habe gefunden, daß *mir* da die gute Erinnerung hilft. In einem Buch, das Interviews mit Sterbenden veröffentlicht, hat mich die „Lebensphilosophie" eines dreiundfünfzigjährigen Schwarzen sehr beeindruckt, der an einer schmerzlichen und unheilbaren Krankheit litt und der auch wußte, daß diese Krankheit zum Tode führen würde. Als die Ärztin ihn fragte, ob er manchmal daran denke, daß er nicht wieder gesund werde, antwortete er: „Natürlich. In vielen Nächten, in denen man nicht schlafen kann, denkt man über eine Million Dinge nach, in der Nacht. Aber man soll sich nicht dabei aufhalten. Ich habe eine schöne Kindheit gehabt; ich kann mich immer wieder zusammenreißen und an frühere Ereignisse denken. Wir hatten da so eine alte Kiste, mit der wir in der Gegend herumfuhren, wir kamen ganz schön herum – die meisten Wege waren noch nicht gepflastert, man versank manchmal bis zur Radnabe im Schlamm. Dann mußte man die Karre rausziehen oder schieben. Ich glaube, ich habe eine wunderbare Kindheit gehabt. Meine Eltern waren sehr nett, es gab nie Streit oder schlechte Laune – es war wirklich herrlich. Daran denke ich also, und dann sage ich mir, daß es ein schönes Leben war. Ich sehe mich um und sage, daß ich meine ‚Bonus-Tage‘ gehabt habe." Darauf die Ärztin: „Sie wollen sagen, daß Sie ein erfülltes Leben gehabt haben. Aber wird das Sterben dadurch leichter?" – „Ich denke nicht ans Sterben, ich denke an Leben!" (E. Kübler-Ross, Interviews mit Sterbenden).

Vielleicht wird mancher dieser „Lebensphilosophie" nicht zustimmen wollen. Aber der sie in der Gesprächsrunde mitteilte, hatte für sich die Erfahrung gemacht, daß es ihm hilft, in dunklen Zeiten sich des Guten zu erinnern, das er einmal erlebt hat. Ja, wenn es angeht, so meinte er, sollte man sogar die Orte aufsuchen, mit denen die gute Erinnerung verbunden ist: den Ort oder die Landschaft der guten Kindheits- und Jugenderlebnisse, der Freundschaft, der gläubigen Erfahrung ...

Es könnte sich wohl ein Einwand erheben: Ist das nicht Flucht in die Vergangenheit, Ausweichen vor der Realität der Gegenwart und ihrer Bewältigung? Ja, das kann es auch sein. Aber die Erinnerung an das Gute kann auch den Blick freilegen auf die Zukunft. In der Schilderung des Sankt-Rochus-Festes zu Bingen macht Goethe die Bemerkung: „Die jungen Leute traten gleichgültig anher. Denn sie, in böser Zeit geborene, konnte das Fest an nichts erinnern; *und wer sich des Guten nicht erinnert, hofft nicht.*"

Die Erinnerung an Erlebnisse, in denen wir aus der Fülle des Lebens leben konnten, kann uns vielleicht wieder aus eigener Erfahrung die Kraft des Vertrauens geben: daß doch etwas Verläßliches da ist, aus dem Hoffnung hervorgehen kann.

Die Christen nennen ihre gottesdienstliche Feier: Memoria, Erinnerung, Gedächtnis an Tod und Auferstehung des Herrn. Und sie glauben, daß *diese* Erinnerung dichteste Gegenwart und Verheißung *der* Zukunft ist.

4

Das gute Continuum

Wir alle kennen Zeiten, in denen es so aussieht, als wanderten wir durch eine tiefe, dunkle Schlucht. Wir denken, lange kann es so nicht mehr weitergehen – ob ich noch einmal herauskomme?

Einmal habe ich eine Zeitlang mit jemandem zusammenarbeiten können, bei dem ich es erlebte, wie er eine schwere Zeit mit einer erstaunlichen Durchhaltekraft bestand. Später habe ich ihn einmal danach gefragt. Seine Antwort verstand ich zunächst nicht ganz, er sagte: „Man muß in solchen Zeiten und Entscheidungssituationen das gute Continuum, die gute durchgehende Grundlinie seines Lebens wahrnehmen. Jeder Mensch hat es schon erlebt, wie er durch schwierige Krisenzeiten hindurchgekommen ist. Da gab es Hilfe von außen, da gab es aber auch – und das wird wichtiger sein – Hilfe aus dem eigenen Leben, von innen her. Man muß sich erinnern: Was war da, in dieser schwierigen Situation in meinem eigenen Wesen, das mir geholfen hat, durchzuhalten? Jeder hat in sich einen guten Grundzug, eine gute Grundleitlinie, Grundanlage seines Wesens: diesen tiefsten guten Grundzug erspüren und aufkommen lassen und daraus zu leben versuchen – das ist es!"

In Rilkes Requiem findet sich der Vers: „. . . Wenn ich mich nachts zurückzieh in meines Herzens letzte, ärmste Kammer ..." Ja, in meines Herzens letzte, ärmste Kammer: Weiß ich denn nicht aus meiner Erfahrung, daß in manchen Lebenskonflikten mir von dorther eine Kraft zukam, die mir half, das „Unlösbare" zu lösen? Es gibt auch eine hilfreiche Treue zu sich selbst! Diese Treue zu sich selbst hat eine tiefe Berechtigung. Denn in meines Herzens letzter, ärmster Kammer wartet eine gütige Kraft, die nicht aus mir selbst kommt, sondern Geschenk ist. Da, wo ich auf den Grund meiner Armut angekommen bin *und mich zu ihr bekenne,* da strömt mir eine Hilfe entgegen, die die eigentliche Kraft meines Wesens und damit meines Lebensgrundzugs, meines guten Continuums ist.

Johannes XXIII., der aus dieser Kraft gelebt hat und daraus Freiheit und Gelassenheit schöpfte, sagt aus dieser Erfahrung: „Gott weiß, daß ich da bin, und das genügt mir."

In solchem Glaubensvertrauen steckt zutiefst und zuletzt die Begründung und Berechtigung für den Vorschlag: In schwierigen Zeiten sich zu fragen: Was ist die gute durchhaltende Grundkraft meines Wesens, was ist das gute Continuum? Was ist die gute Kraft in mir, die mir schon oft geholfen hat, einen Lebenskonflikt zu bewältigen?

Wir sprachen im Anfang von der dunklen Schlucht, durch die manchmal unser Weg führt. Lange vor Christus hat ein Glaubender seiner Erfahrung so Ausdruck gegeben:

> Muß ich auch wandern in finsterer Schlucht,
> ich fürchte kein Unheil:
> denn du bist bei mir! (Ps 23)

Was ist der Heilige von morgen?

Ein junger Mann fragte mich: „Was ist der Heilige von morgen?" Ich habe ihm keine fertige Antwort geben können; wir haben zusammen nach einer Antwort gesucht. Das erste, was wir fanden, war: Der Heilige von morgen – warum sagen wir nicht: von heute? – der Heilige von morgen wird nicht angepaßt sein! Die Welt, in der wir leben, ist auf das Haben aus. Immer mehr, immer schneller, immer größer; alles machen, was man machen kann; festhalten, sich sichern, sich durchsetzen … Viele unter uns erkennen immer deutlicher, daß der Mensch so seine Seele verliert. Viele stimmen immer überzeugter dem Wort zu: „Anders leben!"

Der Heilige von morgen hat das Pauluswort begriffen: „Paßt euch nicht dieser Welt an, sondern wandelt euch um durch Erneuerung des Geistes" (Röm 12,2). Einer übersetzte das Wort so: Laßt euch nicht in die Schablone euerer Umwelt hineinpressen!

Aber – ist das der *Heilige* von morgen? Nichtangepaßtsein, das ist doch nur negativ! Manche leben als Nichtangepaßte unter uns, aber oft sind sie voller Haß, Aggression, Fanatismus. Und mancher Nichtangepaßte, der anders lebt, ist vielleicht nur ein Spinner.

Und so haben wir in unserem Gespräch weiter danach

gesucht: Worin besteht denn eigentlich das Andersleben des Heiligen von morgen? Wovon ist es beseelt?

Wir haben diese Antwort gefunden: Der Heilige von morgen ist ein Mensch, der sich so von Gott geliebt weiß, der sich von Gott in Jesus Christus so liebend angeschaut weiß, daß er ganz frei wird! Er kann loslassen, er braucht nicht mehr festzuhalten, er braucht keine Absicherung mehr, er braucht all das Gerenne nicht mitzumachen, was alle um ihn herum machen, er ist frei, er hat alles in diesem: Ich bin von Gott geliebt! Er läßt sich vertrauend hineinfallen in die wunderbar-unbegreifliche Liebe Gottes. Er lebt anders, weil er sich von Gott geliebt weiß; weil er weiß: Ich bin von Jesus Christus liebend angeschaut! Er kann loslassen, geben, mitteilen, austeilen, weil er unendlich reich ist: von Gott in Jesus Christus angeschaut!

Darum geht vom Heiligen von heute und morgen nichts Finsteres aus, sondern eine Freude, die das Schema der Welt aus der Fassung bringt. Die Heiligen von heute und morgen sind Diener unserer Freude! In ihnen erreicht uns das Aufscheinen Gottes, das frei macht.

Was sind Heilige?

Wenn man einmal eine Meinungsbefragung machen würde zu dem sonderbaren Thema: Was halten Sie von Heiligen? – ich glaube, es würde eine große Vielfalt von Antworten geben. Möglicherweise hätte die Antwort: „Heilige? – interessiert mich nicht", darunter keinen Seltenheitswert.

Ich fand eine Antwort, die verleiht der Frage mit einem Schlage Aktualität. Da hieß es: „Heilige sind Menschen, durch die es anderen leichter wird, an Gott zu glauben."

Es ist da wohl zunächst gedacht an die „Heiligen", die unter uns leben. Ob es die gibt? „Heilige sind Menschen, durch die es anderen leichter wird, an Gott zu glauben": Sie müssen also etwas haben oder sein, das uns irgendwie hinweist auf Gott, das uns irgendwie mitnimmt zu Gott, das uns etwas im Widerschein aufleuchten läßt von Gott.

Wenn wir die Bibel fragen: Was ist Gott?, dann erhalten wir als letzte und äußerste Antwort: Gott ist Liebe! Gott ist Zuwendung, Güte, Geborgenheit, Zuhause: Raum des letzten Vertrauens!

„Heilige sind Menschen, durch die es anderen leichter wird, an Gott zu glauben." Also müssen sie etwas an sich haben, das uns hinweist auf *diesen* Gott!

Wir denken: Heilige? Ihre Bilder stehen in der Kirche, seltsam entrückt auf Altären, Postamenten, hoch an den Säulen. Sind wir nicht heute durch Welten von ihrem vergangenen Leben getrennt? Mancher hat ein Bild von den Heiligen, von dem man eher sagen könnte: *seine* Heiligen sind Menschen, durch die es anderen *schwerer* wird, zu Gott zu kommen!

Aber nun hörten wir: „Heilige sind Menschen, durch die es anderen leichter wird, an Gott zu glauben." Ob wir so vermessen sein dürfen und uns ein wenig zu solchen Heiligen rechnen dürfen? Wir brauchen es selbst nicht großartig zu wissen; man denkt mit keinem Gedanken daran, daß dies oder jenes zu einem Heiligen gehören könnte – man fängt nur an, ein wenig freundlicher zu sein, rücksichtsvoller, geduldiger. Man wendet sich ein wenig selbstloser dem anderen zu, man schenkt ein wenig mehr Vertrauen. Der andere braucht beileibe deswegen nicht direkt an Gott zu denken; aber vielleicht öffnet sich in ihm etwas unter dieser Erfahrung menschlicher Güte, die er heute und morgen bei uns machen kann. Und niemand kann wissen, ob ihm nicht darin ein fast verborgener Zugang geschenkt wird zu *der* Güte, von der wir alle leben.

XII

Worte, die verwandeln

Segne ...

Vor einiger Zeit habe ich das kürzeste Morgen- oder Abendgebet gehört. Die Frau, die es mir sagte, war bekümmert; sie meinte: Mit meinem Beten am Morgen oder Abend ist es fast nichts, es besteht eigentlich nur aus einem einzigen Wort. Ich sage einfach – so fuhr sie fort – zu Gott: „Segne", und dann kommen Namen. Namen von Menschen, mit denen ich zusammenlebe. „Gott, segne" – und dann steigen die Namen, das heißt die Menschen vor meinem inneren Blick auf: die Menschen, die ich liebe – und die ich nicht liebe; ich sage Gott ihren Namen, so wie sie mir in den Sinn kommen. Ihre Gesichter tauchen vor mir auf. Und ich bitte Gott: Segne sie!

Ob dies nicht ein gutes Morgen- oder Abendgebet ist? Es ist ein Beten, das von sich selber wegschaut auf die hin, die die Nächsten sind. Und es ist zugleich ein Wort des Glaubens und des Vertrauens auf Gott hin: daß er der Segnende ist!

Der Segnende? Was ist das? Wenn ich bittend zu Gott sage: Segne!, dann ist darin das Vertrauen: Gott, ich glaube, daß du da bist! Ich glaube, daß du der lebendige Gott bist. Ich glaube, daß du ein Antlitz hast. Schau diesen Menschen da an, wende dich ihm zu, lege deinen Namen auf ihn.

Vielleicht hat mancher es aufgegeben, am Morgen oder Abend ein Gebet zu sprechen. Man mag die alten, früher einmal gelernten Gebete nicht mehr. Man ist ihnen entwachsen. Vielleicht ist es zu mühsam, nach neuen Gebetsworten zu suchen. Und dann – man hat so wenig Zeit am Morgen, oder man ist so müde und abgespannt am Abend.

Ob dies eine Wort nicht eine neue Möglichkeit wäre? Man braucht fast keine Zeit dazu, nur ein wenig Herz – zum Lieben braucht man keine Zeit. Wir sagen zu Gott: „Gott, segne ..." Und wir nennen die Namen der Menschen, die uns nahe sind, denen wir verbunden sind. Und vielleicht bringen wir sogar die Kraft auf, auch den Namen jenes Menschen zu nennen, mit dem wir uns zerstritten haben; der uns lästig und unsympathisch ist: „Herr, segne ..." Und ich nenne den Namen des Menschen, dem *ich* etwas schulde, dem *ich* zur Last geworden bin, den *ich* an die Seite geschoben habe ... Und zuletzt darf ich an diese kleine Litanei auch getrost mich selber setzen: Herr, segne mich, heute!

2

In jedem Menschen ist das Gute

Vor einigen Jahren habe ich einen amerikanischen Psychotherapeuten kennengelernt, der aus einer jüdischen Familie stammt. Als Junge von zwölf Jahren konnte er aus Deutschland entkommen; seine Eltern und Verwandten wurden ermordet. Dieser Arzt sagte mir: Ich war ein Mensch, der nur hassen konnte, ein Menschenverächter. Vor achtzehn Jahren lernte ich meine Frau kennen: sie hat mich verwandelt. Sie hat mich meine wichtigste „Lebenslehre" gelehrt, und seitdem habe ich angefangen, Wunder zu erleben, Wunder menschlicher Verwandlung. Diese Lebenslehre heißt: daran glauben, daß in jedem Menschen Gutes ist! Das darf nicht ein theoretischer Glaube bleiben. Man muß mit seiner eigenen überzeugten Erwartungshaltung dem Menschen, mit dem man es zu tun hat, sich zuwenden: In ihm ist das Gute, es verlangt danach, sich verwirklichen zu können.

Natürlich verbirgt sich das Gute im Menschen oft genug unter den seltsamsten Entstellungen und Verschüttungen. Aber, so sagte er, als Psychotherapeut habe ich gefunden, daß gerade in den seelischen Störungen, derentwegen mich die Patienten aufsuchen, ein verfremdetes Zeichen des Suchens nach Gutsein, Heilsein, Richtigsein erkennbar ist. Fragen Sie nicht lange danach, so meinte er, ob meine Voraussetzung richtig ist, praktizieren Sie sie einfach. Versuchen Sie, bei aller berechtigten kritischen Wachheit, dem Menschen mit dieser Einstellung, mit dieser Erwartungshaltung zu begegnen: In ihm ist das Gute! – und Sie werden sehen, daß die Art und Weise Ihrer Begegnungen mehr und mehr sich verwandelt. Wenn wir negativ von anderen denken, werden wir selber das Resultat zu spüren bekommen. Die – oft verborgenen, unterbewußten – Erwartungen sind von unheimlicher Konsequenz.

In einer Notiz von Johannes XXIII. fand ich: „Es drängt mich, immer mehr der Güte des Herrn nachzueifern, der uns lehrt, alles von der guten Seite zu nehmen, niemals aufzuhören, zu verzeihen und Gutes zu tun. Meine Natur neigt dazu, eher die gute Seite der Menschen herauszufinden, statt Kritik zu üben und voreilige Urteile zu fällen. Jede Form von Mißtrauen, gegen wen auch immer, vor allem aber gegen die Kleinen, die Armen, die Geringen, jedes abwertende Urteil bereitet mir Schmerzen und tut mir im innersten Herzen weh."

Diese „Lebenslehre", die Johannes XXIII. hier so einfach für sich formuliert hat: „Die gute Seite des Menschen herauszufinden" – wenn wir uns mit ihr auf den Weg machen, vielleicht werden wir manche Entdeckung und Verwandlung erleben können. „Tiefes Glück, unter Dingen zu leben, die man, eines nach dem anderen, durch einen Schlag mit dem Zauberstab aus der Verwünschung erlöst", dieser Satz aus Erhart Kästners „Zeltbuch von Tumilad" – sollten wir nicht, im Sinne unserer „Lebensregel", mit ihm zu leben versuchen, nicht nur unter den Dingen, sondern unter den Menschen? „Tiefes Glück, unter Dingen zu leben, die man, eines nach dem anderen, durch einen Schlag mit dem Zauberstab aus der Verwünschung erlöst."

Die Verläßlichkeit des Wohlwollens

Vor einiger Zeit hatte ich ein Gespräch mit einem jungen Priester, der etwa drei oder vier Jahre in seinem Dienst ist. Er hat es sich besonders zur Aufgabe gemacht, für einsame Menschen dazusein, für Menschen, die in der Last des Lebens kaum jemanden haben, der sich um sie kümmert. Als ich ihn fragte, was denn in diesen drei, vier Jahren seine stärkste Erfahrung geworden sei, gab er zur Antwort: Ich habe den Eindruck, daß die Menschen, mit denen ich es zu tun habe, nichts mehr suchen als: die Verläßlichkeit des Wohlwollens. So nannte er es: die Verläßlichkeit des Wohlwollens. Und die Betonung lag auf Verläßlichkeit. Es handelte sich ja um Menschen, die vielleicht lange nicht mehr das aufrichtige Zugewandtsein eines anderen erfahren hatten. Sie hatten vielleicht manchen Grund, mißtrauisch zu sein, wenn da ein Mensch sich ihnen zuwandte. Wenn sie aber erkannten, daß aufrichtiges und absichtsloses Wohlwollen da war, dann fürchteten sie, die schon so oft Enttäuschten, den Augenblick, wo sie wieder einmal sagen müßten: Es ist kein Verlaß!

In jedem von uns ist dieser tiefe Wunsch: daß man sich verlassen kann auf die Zuwendung des anderen. Auf die Treue, die durchhält. Daß alles nicht nur eine flüchtige, vergeßliche Gebärde war ...

Ich glaube, wenn ein Mensch nie die Verläßlichkeit des Wohlwollens und die Treue der Zuwendung eines anderen erfahren hat, dann wird es ihm auch sehr schwer werden, an die Verläßlichkeit und Treue *Gottes* glauben zu können.

Das aber ist *die* Botschaft der biblischen Offenbarung: die Verläßlichkeit Gottes, die Treue Gottes, des Barmherzigen, der mit uns seinen Bund geschlossen hat; die Treue Gottes, die in der Auferstehung Jesu von Nazaret für immer *das* Siegel ihrer Gültigkeit bekommen hat. Diese Treue Gottes, von der das Neue Testament sagt: „Wenn wir untreu sind – er bleibt treu" – das ist *die* frohe Botschaft: die Verläßlichkeit der Zuwendung Gottes!

Es scheint fast unmöglich zu sein, daß ein vereinsamter und enttäuschter Mensch einen Glaubenszugang zur Treue Gottes finden kann, wenn er nicht erfährt, daß es die Verläßlichkeit menschlicher Zuwendung gibt.

Ich spüre die Anfrage, die darin liegt. Die Frage nach meiner Verläßlichkeit und Treue.

4

Das Erhoffen für den anderen

Da lese ich: „Was aus einem Menschen wird, das hängt entscheidend mit davon ab, wie wir ihn sehen. Und was wir für den anderen mit ganzem Herzen erhoffen, danach streckt auch er selber sich unwillkürlich aus" (Heinrich Spaemann). Ob wir diesem Wort aus unserer eigenen Erfahrung zustimmen können?

Ich denke an eine Studentin. In einem Gespräch mit ihr zeigte sich bald, daß sie unter einem bedrückenden Mangel an Selbstvertrauen litt. Ihre Eltern hatten ihr nie etwas Rechtes zugetraut. Oft hieß es in ihrer Kindheit: Das kannst du doch nicht! Deine Schwester kann das besser! Zum Studieren bist du nicht begabt genug. „Was aus einem Menschen wird, das hängt entscheidend mit davon ab, wie wir ihn sehen." Die Eltern sahen sie nur in ihren wirklichen oder vermeintlichen Untüchtigkeiten. Sie trauten ihr für die Zukunft nichts oder fast nichts zu. „Was wir *für den anderen* mit ganzem Herzen erhoffen, danach streckt auch er selber sich unwillkürlich aus." Da man nichts oder fast nichts für sie erhoffte, hatte sie auch nicht die Zuversicht, sich auf eine gute Zukunft hin auszustrecken. Sie traute sich selber nichts zu und blieb vergrämt in ihrem Selbstunwertgefühl stecken.

Vielleicht denken wir: Ich habe ganz andere Erfahrung gemacht. Alle gute Zuwendung, alle gute Zu-Mutung hat den anderen nicht verwandelt, hat ihn nicht in gute Wegrichtung bringen können. Er hat es nicht aufgenommen, er hat es nicht angenommen.

Ja, es gibt gewiß auch diese Erfahrung. Selbst von Jesus hören wir, daß sein gutes Sehen – „er sah ihn an und gewann ihn lieb" – den reichen Jüngling nicht zu *der* Lebenswandlung brachte, die Jesus von ganzem Herzen für ihn erhoffte, ihm zu-mutete! Es gibt die „Freiheit" des anderen, es gibt das Übergewicht von Gebundenheit, Nichtoffenheit, Befangenheit, ja auch Verhärtung.

Und dennoch: wir sollten es nicht aufgeben, uns zu dieser guten Chance zu bekennen: „Was aus einem Menschen wird, das hängt entscheidend mit davon ab, wie wir ihn sehen!" Freilich muß unsere Erwartung für den anderen wirklich im anderen begründet sein und – von uns selber absehend – ihm aufrichtig zugewandt sein.

Wenn mein Sehen und meine Hoffnung zu dem anderen hin gut sind, darf ich dann nicht vertrauen, daß sich mit ihm das Sehen und das Hoffen Gottes verbündet?

Es gibt eine Zuwendung, die so „töricht" ist, daß Paulus von ihr zu schreiben wagt: „*Alles* hofft sie!" Wie ein „Tor" glaubt er daran, das Gute auch da noch zu ermöglichen, wo es nach menschlichem Ermessen nicht mehr zu erwarten ist.

Man wandelt nur das, was man annimmt

Jeder von uns hat es irgendwann einmal – vielleicht sogar für die Dauer eines ganzen Lebens – mit einem Menschen zu tun, mit dem es sehr schwer ist auszukommen. Vielleicht ist es wirklich so, daß die Ursache oder auch die Schuld an dem schlechten Miteinanderauskommen bei dem anderen liegt, an seiner Verkehrtheit, an seinen mißlichen Charaktereigenschaften, an seiner neurotischen Befangenheit. Gibt es da noch eine Hoffnung auf Verwandlung?

Ich glaube, daß es eine Hoffnung auf Wandlung gibt unter *einer* Voraussetzung. Diese Voraussetzung heißt: „Man wandelt nur das, was man annimmt!" (C. G. Jung).

Wie ist das zu verstehen? Statt einer umständlichen Erklärung erinnern wir uns einer Geschichte, die wir alle kennen: die Geschichte vom verlorenen Sohn. Er kommt aus einem verpfuschten Leben nach Hause. Wir kennen die Sätze, mit denen seine Heimkehr beschrieben wird: „Als er noch weit entfernt war, sah ihn sein Vater. Er wurde von Erbarmen bewegt, lief ihm entgegen, umarmte ihn und küßte ihn."

Ich denke mir oft, wenn ich diese Geschichte lese, wie es nachher, nach den Tagen der Heimkehr wohl weitergegangen ist. Es kann nicht anders sein, als daß der Heimgekehrte nun im Hause seines Vaters ein Verwandelter ist. Einer, der aus dem Dank heraus lebt, weil er erfahren hat, wer dieser Vater ist, der ihn so angenommen hat. „Man wandelt nur das, was man annimmt." Dieser Vater hat den Sohn, der im Hochmut von Zuhause weggegangen war, ganz angenommen, und weil er angenommen wurde, war er verwandelt.

Vielleicht wird man einwenden: Lag die Verwandlung seines Herzens nicht schon vorher, noch in dem Elend der Fremde, als er sagte: „Ich will mich aufmachen und zu meinem Vater gehen"? Ja, aber wie hätte er das sagen können, wenn er nicht schon ahnungsvoll gewußt hätte, daß er zu diesem Vater heimkehren dürfte? Daß er hoffen durfte, von ihm angenommen zu werden?

Und vielleicht wird man einwenden: Bei diesem verlorenen Sohn war schon selbst eine Einsicht. Bei dem Menschen, dem schwierigen und verkehrten, mit dem *ich* es zu tun habe, ist gerade *das* nicht da – wie sollte ich hoffen können, daß es noch einmal Wandlung bei ihm gibt, wo doch bei ihm gar kein Ansatzpunkt dafür zu sehen ist?

Es mag so sein. Und doch! – Sollten wir es nicht versuchen, gegen alle Hoffnung, diesen anderen anzunehmen, noch und noch … Vielleicht geschieht es doch, irgendwann einmal, vielleicht ganz zuletzt, daß in dem anderen die Ahnung aufgeht: der meint es gut mit mir! Es ist sehr schwer, unendlich mühsam. Aber ist es ganz aussichtslos? Vor Gott?

Man wandelt nur das, was man annimmt. Gott tut es mit jedem von uns, in grenzenloser Treue, unaufhörlich, solange wir leben. *Das* ist der Grund unserer Hoffnung *und* die Ermutigung, es, auch in aller Gebrochenheit und Armseligkeit, miteinander zu wagen.

In der Spur Jesu gehen

Bei dem Dichter Friedrich Rückert (1788–1866) fand ich
diesen Vers:

> Du bringst nichts mit hinein,
> du nimmst nichts mit hinaus,
> laß eine goldene Spur
> im alten Erdenhaus.

Das, was die beiden ersten Zeilen sagen, steht im Buch
Ijob so:

> Nackt kam ich heraus aus dem Schoß der Mutter,
> nackt kehre ich in den Schoß der Erde zurück. (1,21)

„Du nimmst nichts mit hinaus" – ein altes Wort sagt:
„Wenn man dich zum Friedhof trägt, kümmert dich
nicht mehr das, was du hast; mitnehmen wirst du nur
das, was du gegeben hast."

„Laß eine goldene Spur im alten Erdenhaus" – wie tut
man das, daß etwas Leuchtendes von uns zurückbleibt?
Es darf ja nicht so sein, wie es in einem Vers bei Dante zu
lesen ist:

> Du läßt auf Erden keine anderen Spuren
> Als Rauch in Lüften oder Schaum auf Wellen.

Vielleicht denken wir, wir müßten ein Werk schaffen,
von dem die Menschen reden werden, wir müßten uns

einen Namen machen. Aber wie ist es mit den Vielen, die keinen Namen in der Welt haben, die keinerlei Denkmal bekommen, die bei den Menschen bald ganz vergessen sind? Wie ist es mit den vielen Verborgenen?

Es gibt eine goldene Spur, die wie eine Goldader im Gestein den Augen der Menschen verborgen ist, die aber vor den Augen Gottes leuchtet: Überall, wo ein Mensch in der Spur Jesu zu gehen versucht, leuchtet sie unvergessen vor Gott! Und einmal wird sie auch allen Menschen sichtbar sein.

Was ist die Spur Jesu? Im Evangelium finden wir sie. Es genügt, einer einzigen Spur Jesu zu folgen, z. B.: „Richtet nicht, so werdet ihr nicht gerichtet werden!" (Mt 7, 1). Wenn wir nur dieser Spur Jesu folgen würden – sie würde in Ewigkeit nicht verwischt werden.

Ist der Weg Jesu für uns spurensicher? Francisco de Osuna, geistlicher Meister im 16. Jahrhundert, schreibt: „Willst du Christus folgen, mußt du aber wissen: Inzwischen fiel Schnee auf seine Spuren." Die Menschen haben die Spur Jesu zugedeckt. Wir müssen das Ohr nahe am Wort des Evangeliums haben, um immer neue Wegweisung zu erfahren.

XIII

Worte, die beten helfen

1

Herr, du kennst mich

Psalm 139, 1

Manchmal höre ich in Seelsorgsgesprächen die Klage: Ich kann nicht mehr beten! Die alten Gebete aus meiner Kinderzeit mag ich nicht mehr – ich weiß nicht, wie ich beten soll. Außerdem: Wann sollte ich es tun? Wann hätte ich die Zeit dazu?

Wir wollen in diesen sechs Stationen einen kleinen Gebetsweg gehen. Jeder Tag soll uns so viel an Gebetshilfe mit auf den Weg geben, daß wir, wenn wir uns nur darauf einlassen, doch einen kleinen Schritt in dieser sehr einfachen „Gebetsschule" weiterkommen können.

Jeden Tag wollen wir ein Gebetswort aufnehmen, das nur aus einem einzigen kleinen Satz besteht und sich gut einprägen läßt. Und das Wichtigste: Wir lassen es uns aus der Bibel geben. Und das heißt: Jedes dieser Gebetsworte ist schon durch Jahrtausende immer und immer wieder gehört und gebetet worden. Es ist ein bewährtes Wort.

Das Wort, mit dem wir beginnen, steht in einem Psalm des Alten Testamentes. Es heißt: „Herr, du kennst mich!" (Ps 139, 1). Zögere ich, dieses Wort zu sprechen? Zögere ich, mich dem Blick Gottes auszusetzen? In dem Psalm ist es ein Wort großen Vertrauens, ein Wort des Sichbergens im Blick Gottes.

Indem wir anfangen, es zu sagen – vielleicht erst mit

einer Winzigkeit von Glaubensvertrauen –, und es immer mal wieder den Tag hindurch in uns zulassen: ob es nicht wachsen kann als immer aufrichtigeres Gebetswort? „Herr, du kennst mich" – ein Gebet für den Zeitraum eines Augenblicks: auf dem Weg zur Berufsarbeit, mitten im Strom des Alltagsbetriebs.

Wir brauchen nicht von unserem Tun wegzugehen, wir trennen dieses Wort nicht von unserem Leben: mitten darin und aus ihm heraus kommt es uns in den Sinn und will unseren Glauben und unser Vertrauen wecken: „Herr, du kennst mich!"

Vielleicht kommt in solchem Beten etwas auf von der Erfahrung im Glauben: Ich bin nicht allein, ich bin angeschaut, ich bin geliebt. Sicher kann es auch ein Wort sein, das mich richtet! Aber zuerst soll es ein Wort sein, das mich vertrauen läßt, das mich aufleben läßt, das mir Geborgenheit schenkt.

Sollten wir nicht versuchen, einmal eine Zeitlang mit diesem Wort zu leben? „Herr, du kennst mich!" Wenn wir nichts anderes beten könnten als dieses eine Wort – ich glaube, es wäre genug. Es hat eine Verwandtschaft mit dem Wort, das Petrus zum Herrn sagte: „Herr, du weißt alles." Und indem er das sagt, erweckt es das andere Wort: „Du weißt auch, daß ich dich liebe."

Erschaffe mir, Gott, ein reines Herz!

Psalm 51

Das Gebetswort, das ich als zweites gewählt habe, versetzt mich gleich in eine gewisse Verlegenheit. Bekannte, denen ich meinen Plan zu diesem kleinen Gebetsweg vorgelegt habe, haben mir abgeraten, dieses Wort zu wählen.

Auch dieses Gebetswort findet sich in einem Psalm (51). Und zwar ist dieser Psalm von einem Menschen gebetet worden, der sich sehr schuldig wußte und nun aus seiner Schuld heraus zu Gott rief. Mitten in diesem Psalm steht dieser Bittruf: „Erschaffe mir, Gott, ein reines Herz!"

Warum haben mir meine Bekannten abgeraten, dieses Gebetswort zu wählen? Einer sagte: Irgendwie erinnert es mich an ein sentimentales Kindergebet. Ein anderer meinte: Es ruft bei mir – und möglicherweise also auch bei anderen – die Gedankenverknüpfung: rein = keusch, unrein = unkeusch, hervor.

Das wäre nun freilich eine fatale Engführung. Das „reine Herz" hat in der Sprache der Bibel eine ganz andere Tiefe und Weite. Wir denken an das Wort Jesu in der Bergpredigt: „Selig, die ein reines Herz haben, sie werden Gott schauen."

Ein reines Herz, das ist: die Lauterkeit der Gesinnung. Es ist das klare Auge, das nicht sich selber sucht, sondern das absieht von sich selber. Es ist die Geradheit des Herzens, die nicht krumme Wege geht, die nicht zwiespältig ist. Es ist zuletzt jene arme und doch so reiche Demut, die zu Gott sagt: Du allein!

Wenn man einmal anfängt, dieses Gebetswort: „Erschaffe mir, Gott, ein reines Herz" im Alltag in sich aufkommen zu lassen, man wird bald spüren, daß es ein Verwandlungswort ist oder werden will. Wenn es mitten im Tun und Erleben des Tages aufrichtig als Bitte da ist – man wird spüren, daß dieses Wort eine Kraft in sich hat.

Wir leben vergeßlich und launenhaft daher, oft genug nur auf uns selber bedacht; wir rechnen mit unserem Vorteil, ohne den anderen zu sehen; wir reden über einen anderen Menschen so, daß er es nie hören dürfte; wir machen uns geschickt zum Mittelpunkt, auch auf Kosten anderer; wir resignieren müde und deprimiert, so als hätte Gott keine Hoffnung für uns aufgerichtet ...: wenn dann, in einem solchen Augenblick, in uns dieses Wort von innen her durchkommen könnte: „Ein reines Herz, o Gott!"

Bei Dag Hammarskjöld steht die Bitte: „Gib uns reinen Geist, damit wir dich sehen!" Das reine Herz hat die Sehnsucht, Gott zu schauen. Ob wir nicht versuchen sollten, einen Tag mit dieser Bitte verantwortlich zu leben? Verantwortlich vor dem hellen und gütigen Antlitz dessen, der uns die Verheißung gegeben hat: „Selig, die ein reines Herz haben, sie werden Gott schauen!"

3

Herr, laß mich sehen!

Markus 10, 51

Das Gebetswort, das wir für heute wählen, mag uns zunächst etwas entlegen erscheinen. Es ist der Ruf eines blinden Bettlers: „Herr, laß mich sehen!"

Der Bericht im Evangelium ist bewegend. Jesus hatte sich in Jericho aufgehalten. Beim Verlassen der Stadt geht eine große Menschenmenge noch eine Wegstrecke mit. Da sitzt ein blinder Bettler am Weg – wir wissen sogar noch seinen Namen: Bartimäus –, und dann heißt es: „Wie er hörte, es sei Jesus von Nazaret, fing er an zu schreien: Jesus, Sohn Davids, erbarme dich meiner! Da fuhren sie ihn an, er solle den Mund halten. Er aber schrie noch viel mehr: Sohn Davids, erbarme dich meiner! Jesus blieb stehen und sagte: Holt ihn her. Da holten sie den Blinden und sagten ihm: Steh auf, Mut, er ruft dich! Da ließ er seinen Mantel liegen, sprang auf und ging zu Jesus. Der fragte ihn: Was willst du? Was soll ich tun? Herr, laß mich sehen! Jesus sagte: Geh! Dein Glaube war deine Rettung. Da öffnete der Blinde die Augen und sah!" (Mk 10, 47–52).

„Herr, laß mich sehen!" Können wir uns diesen Bittruf zu eigen machen? Vielleicht wird jeder von uns diesem Wort eine eigene, persönliche Deutung geben.

Laß mich sehen, daß es einen Ausweg gibt, daß es weitergeht mit meinem Leben, daß es eine Hoffnung für mich gibt, daß du da bist!

Laß mich sehen, daß das Licht stärker ist als die Finsternis in unserer Welt, daß das Böse nicht triumphiert, daß es endlich Frieden gibt unter uns ...

„Herr, laß mich sehen" – ob wir alle nicht dieser Bitte ganz besonders *eine* Richtung geben sollten: Herr, laß mich *den Menschen* sehen, laß mich den Menschen wahrnehmen, dem ich zum Nächsten geworden bin, dem ich zum Nächsten werde!

Wir kennen die Redensart: Ich kann den Menschen nicht mehr sehen! So weit kann unsere Blindheit gehen. Manchmal merken wir nicht mehr, wie eng unser Blickfeld geworden ist. Menschen, mit denen wir im Beruf jahrelang zusammen sind, Nachbarn, mit denen wir jahrelang Wand an Wand wohnen – wir haben sie vielleicht noch nie wirklich gesehen, wahrgenommen. Ihre Gesichter und ihre Schicksale sind uns gleichgültig geblieben.

„Herr, laß mich sehen!" Ruf mich heraus aus der Enge meines Blickfeldes. Tu meine Augen auf für das Antlitz des Menschen in seiner offenen und verborgenen Not. „Herr, laß mich sehen!"

Bleibe bei uns, Herr
Lukas 24, 29

Jemand hat gesagt: „Das Beten eines Menschen ist so persönlich wie sein Gesicht und seine Stimme." Wenn es so ist, dann wird auch das biblische Kurzgebet, das wir für jeden Tag der Woche wählen wollen, von jedem in einer ganz persönlichen und eigenen Weise gebetet werden können.

Das gilt nun besonders von dem Wort, das uns heute begleiten soll. Es ist die Bitte, die die beiden Jünger auf dem Weg nach Emmaus an den Herrn richten: „Bleibe bei uns!"

„Herr, bleibe bei uns!" – Ist es denn notwendig, diese Bitte zu sagen? Viele von uns erleben schmerzlich einen Wandel ihres Glaubens. Die frühere Selbstverständlichkeit des Glaubens an die Wirklichkeit und Nähe Gottes, die ungebrochene Fähigkeit des Dusagens zu diesem Gott – für viele von uns ist es zur bedrückenden Frage geworden. Wir verstehen heute gut die Klage des Propheten Jeremia: „Warum bist du nun geworden wie ein Fremder im Land, wie ein Wanderer, der abbiegt, zu nachten?" Es ist die Klage und Frage des Glaubenden heute, der, ausgespannt zwischen Glaube und Unglaube, schwer trägt an der „Abwesenheit" Gottes in unserer Welt. Gott, ein Fremder im Land, ein Wanderer, der für eine Nacht einkehrt, namenlos. Hat er eine Beziehung zu denen, bei denen er einkehrt? Oder bleibt er der Unbekannte, der fremd und nur in einem flüchtigen Augenblick unser Dasein streift? Ein einsamer Mann unterwegs, der beim Einfallen der Dunkelheit die Herberge betritt, irgendwo am Rand der Wüste – und scheu rücken die Menschen von dem Fremden weg. Ist Gott so in unserer Welt?

Da ist diese Bitte: „Herr, bleibe bei uns!" Die Jünger, von denen es heißt, daß sie traurig ihres Weges gingen, sagen es zu dem, der als unbekannter Wanderer mit ihnen geht. Aber eine Ahnung hat ihr Herz berührt: Er ist es! Und so sagen sie, ohne schon klar zu erkennen: „Herr, bleibe bei uns!"

Wenn heute dieses Wort mit uns geht – jeder von uns wird es anders sagen. Vielleicht spricht einer es aus einer bedrückenden Sorgenlast, aus der er kaum noch einen Ausweg sieht: „Herr, bleibe bei uns!" Vielleicht sagt ein anderer es auf seinem Weg durch die große Stadt, deren Anonymität und Menschenfeindlichkeit alles an Nähe und Geborgenheit zu erdrücken droht: „Herr, bleibe bei uns!" Vielleicht ist es die Bitte eines Kranken, der dem Tod entgegensieht: „Herr, bleibe bei uns!" Vielleicht ist es das verborgene Gebet eines Mannes, einer Frau, die erfahren, daß ihre Familie auseinanderzufallen droht: „Herr, bleibe bei uns!"

So könnten wir fortfahren … „Das Beten eines Menschen ist so persönlich wie sein Gesicht und seine Stimme."

Wir wollen versuchen, dieses Wort jetzt als unser Gebet auf *unseren* Tag hin zu sagen, zu dem hin, von dem wir glauben, daß er uns hört: „Herr, bleibe bei uns – heute und immer."

5

Ich lasse dich nicht, es sei denn,
du segnest mich

Genesis 32, 27

Wir wollen in dieser Woche einen kleinen Gebetsweg gehen, für jeden Tag ein kurzes Gebetswort, das aus der Bibel gewonnen ist. Das Wort für heute ist nun freilich wirklich nicht ein Wort für *einen* Tag! Ja, ich glaube, es bewährt sich eigentlich erst in Lebenssituationen, in denen die Dunkelheit uns überfällt. Ein Mann des Alten Testaments, der Patriarch Jakob, hat dieses Wort in einer Nacht schwerer Lebensbedrohung gesprochen. Der uralte Bericht sagt: Er rang die ganze Nacht mit Gott, der wie ein dunkles Schicksal ihn überfallen hatte. Aber er kommt nicht los von diesem Gott, er klammert sich an ihn und betet mit einem unerhört kühnen Glauben gleichsam gegen ihn an: „Ich lasse dich nicht, es sei denn, du segnest mich!"

Natürlich kann man mit diesem Wort beten an jedem guten Tag, und es mag manchem besonders als ein kurzes Abendgebet geeignet erscheinen. Aber es muß sich wohl eigentlich erst in einer Lebenssituation bewähren, in der die Dunkelheit uns überfällt und Gott uns zum Rätsel geworden ist, von dem wir nichts mehr verstehen.

Es gibt Zeiten, in denen die Glaubenserfahrung: Gott liebt mich!, uns sehr nahe ist. Aber wenn Sorge und Krankheit und Angst und Leid und abgründige Traurigkeit uns das Herz zusammenpressen und unser Glaube sehr schmal geworden ist – dann dieses Wort zu wagen: „Ich lasse dich nicht, es sei denn, du segnest mich"! Ich lasse nicht von dir los: Du mußt mich segnen! Ich vertraue darauf, daß du mich segnest! Vielleicht ist dann diese „Provokation" Gottes, diese Herausforderung Gottes die einzige Möglichkeit, den verlöschenden Glauben so anzufachen, daß er durchhalten kann, ja daß er mitten in einer dunklen und ausweglosen Lebenssituation *Sinn* erfahren läßt.

Der Bericht im Alten Testament, geheimnisvoll und kaum noch deutbar, sagt: Da der Morgen dämmert, geht Jakob aus diesem Ringen mit Gott als ein Geschlagener und doch Gesegneter hervor: hinkend geht er – der Gesegnete! – in das aufgehende Licht hinein.

Wir sollten vorsichtig sein, damit in dieses Wort keine falsche Frömmigkeit, kein falsches Pathos hineinkommt. Wir sollten es vielleicht sehr still sagen, wie eine Bitte und ein Wagnis zugleich, wie ein gläubiges „Dennoch", uns selber abgerungen und vielleicht wie in eine dunkle Wolke hineingesprochen: „Ich lasse dich nicht, es sei denn, du segnest mich!"

6

Mein Herr und mein Gott
Johannes 20, 28

Heute wählen wir als Gebet ein Wort, das sehr weit und sehr offen ist, aber zugleich von großer Tiefe sein kann. Jeder von uns wird ihm je in seiner Lebenssituation und je in seiner Gestimmtheit eine andere „Färbung" geben.

Es ist das Wort, das der Apostel Thomas vor dem Herrn sprach: „Mein Herr und mein Gott." Thomas kommt aus dem Zweifel und dem Unglauben. Jetzt aber steht er vor Ihm, dem Auferstandenen, und sein Herz ist besiegt von der Nähe des Herrn. Nicht mehr Bedingungen, nicht mehr Argumente, sondern Sichanvertrauen, Sichlassen in seine Güte, in sein Entgegenkommen. Alles, was ihn in diesem Augenblick des Überwältigtseins bewegt, legt er in dieses Wort und Bekenntnis: „Mein Herr und mein Gott."

Wie soll ich das beten? Ist es eine Bitte? Ein Bekenntnis? Eine Preisung und Anbetung? Eine Danksagung?

Wir lassen dieses Wort mitten in unserem Alltag aufkommen, mitten in unseren Erlebnissen und Erfahrungen. So wird es zu *unserem* Gebet und kann dann alles dieses sein: Bitte und Bekenntnis und Preisung, Ausdruck des Vertrauens und der Zuversicht und der Liebe.

Einmal sagte mir ein junger Mann: Wenn er im Tag an sein Mädchen denke, dann gehe ihm immer ein Wort durch den Sinn wie eine Melodie: Du liebes Angesicht!

Dies Wort mag uns altmodisch klingen, wie aus einem alten Lied, aber für den Verliebten ist es sicher lebendigste Gegenwart – und Liebe ist eben reich im Erfinden. Ich denke mir, daß es dann nicht Einzelheiten sind, die dieses Wort für den Liebenden beseelen, für ihn ist das Ganze darin.

Vielleicht kann ein Beter, aus dem Glauben heraus, so auch mit der eigenen Sprache seines Glaubens dieses Thomaswort sagen: „Mein Herr und mein Gott." –

Wir schauen zurück. Vielleicht ist unter den sechs biblischen Gebetsworten eines, das uns besonders berührt. Wenn dieses Gebet nicht nur *einen* Tag mit uns geht, sondern immer wieder, durch lange Zeit hindurch unseren Glauben und unser Suchen nach Gott zusammenfaßt, ein paar Sekunden nur und doch nicht oberflächlich formelhaft, dann wird das vielleicht ein Schritt dahin sein, daß Gebet und Leben für uns immer mehr zu einer guten Einheit werden.

Die bleibende Frage:
Wer ist dieser Jesus von Nazaret?

Wer ist dieser Jesus von Nazaret? *Ein* Zug seines Lebens, seines Wesens ist sehr wichtig für uns. Ohne ihn zu kennen, gewinnen wir keinen Zugang zu ihm. Ich meine seine Verborgenheit, seine Niedrigkeit, seine Machtlosigkeit!

Schon seine Geburt irgendwo in einer Höhle auf dem Feld von Betlehem: verborgen, gering, arm.

Von den dreiunddreißig Jahren, die er gelebt hat, verbringt er dreißig Jahre in völliger Verborgenheit in einem Dorf in Galiläa, am Rande des großen römischen Weltreiches. Er lebt das unbekannte Leben der kleinen und einfachen Leute: Bauern, Fischer, Handwerker.

Als Kaiser Augustus in Rom stirbt, ist Jesus etwa siebzehn Jahre alt. Als er mit dreißig Jahren in die Öffentlichkeit geht, ist er seinen Landsleuten als Zimmermann bekannt. Kein Mensch in der damaligen Welt redet von ihm. Aber später werden die Jahre nicht nach Augustus gezählt werden, sondern nach diesem Jesus Christus.

Er liebte nicht die Gewalt. Seinen Jüngern verbietet er das Schwert. Als man ihn zum König machen will, geht er in die Einsamkeit. Energisch verbietet er denen, die er geheilt hatte, es weiterzuerzählen: er will kein Aufsehen um seine Person. Das, was er am eindringlichsten seinen Jüngern auferlegt hat, ist: Ihr sollt euch nicht zu Herren